Crashkurs Psychotherapie

Ein Kurzlehrbuch

Wichtige Hinweise

Dieses Buch ist eine Lernhilfe zur Vorbereitung auf die amtsärztliche Überprüfung der Heilpraktiker für Psychotherapie und der Heilpraktiker (Psychiatrieteil). Die Arbeit mit dem Buch ersetzt nicht die gründliche inhaltliche Vorbereitung. Es kann nicht völlig ausgeschlossen werden, dass Einzelaussagen missverstanden werden und zu Irrtümern führen. Wir empfehlen daher bei Unsicherheiten, in der Fachliteratur nachzuschlagen.

Ausbildungsangebote

Ingo Michael Simon bietet regelmäßig Ausbildungskurse zur Vorbereitung auf die amtsärztliche Überprüfung und zu verschiedenen Therapieformen und Themen an. Aktuelle Informationen und Termine finden Sie auf seiner Homepage *www.praxissimon.de*.

Impressum

Zweite Auflage
© 2010 - Ingo Michael Simon
Alle Rechte liegen beim Autor.
Idee und Konzept: Praxisteam Simon
Kontakt: www.praxissimon.de
Herstellung und Verlag:
Books on Demand GmbH, Norderstedt
ISBN: 978-3-8370-6870-2

Inhaltsverzeichnis

Vorwort

Immer wieder werde ich von Lernenden angesprochen und nach einem möglichst knappen Buch oder einer Lernhilfe zur Vorbereitung auf die eingeschränkte Heilpraktikerprüfung gefragt. Da entsteht schnell ein Dilemma, denn die Inhalte der Überprüfung sind umfangreich, und es muss schon sehr detailliert und sorgsam gelernt werden, um in der mündlichen Prüfung wirklich zu überzeugen. Schließlich haben mich die vielen Anfragen der gewissenhaft Lernenden doch dazu veranlasst, diesen Crashkurs zu schreiben und so ein wirklich kurzes Buch anzubieten, dass die Prüfungsinhalte so umfangreich wie nötig, gleichzeitig so knapp wie irgendwie möglich abbildet. Dieses Buch ist daher vor allem für zwei Anlässe gedacht. Einerseits können Neulinge, die sich mit dem Gedanken befassen, eines Tages als Heilpraktiker oder Heilpraktiker für Psychotherapie zu arbeiten, einen Eindruck davon gewinnen, wie umfangreich der Bereich der Psychiatrie und Psychotherapie ist und dabei sehr viele Inhalte bereits lernen. Andererseits können diejenigen, die bereits Ihre Lernarbeit zu großen Teilen hinter sich haben, schnell und präzise wiederholen und sich damit gezielt auf die in Kürze anstehende Prüfung vorbereiten. Um das Buch dann auch wirklich kurz zu halten, eben einen Crashkurs anzubieten, verzichte ich auf die ausführliche Darstellung der Inhalte und Zusammenhänge und konzentriere mich auf die Reproduktion und den Überblick über die entscheidenden Details. Ich freue mich, wenn ich auch Ihnen, liebe Leserin oder lieber Leser, mit diesem Buch helfen kann und wünsche gutes Gelingen für Ihre beruflichen Pläne!

Ingo Michael Simon
Oktoberi 2010

Allgemeine Psychopathologie

Bewusstseinsstörungen
Das Bewusstsein eines Menschen ergibt sich aus den Faktoren Wachheit (Vigilanz), Bewusstseinsklarheit und Ich-Bewusstsein.

Quantitative Bewusstseinsstörungen

- *Benommenheit: schläfrig, leicht weckbar, dann gut orientiert*
- *Somnolenz: durch lautes Ansprechen weckbar, keine spontanen sprachlichen Äußerungen*
- *Sopor: schläfrig, nur durch starke Reize wie Schütteln weckbar*
- *Präkoma: nicht mehr weckbar, vegetative Funktionen gestört, Pupillenreflex erhalten*
- *Koma: kein Pupillenreflex mehr*

Qualitative Bewusstseinsstörungen

- *Bewusstseinseintrübung: mangelnde Klarheit der Ich-Welt, Zusammenhänge des Erlebens und Denkens verworren*
- *Bewusstseinseinengung: Fokussierung mit traumähnlichem Erleben, verminderte Reaktion auf Außenreize*
- *Bewusstseinserweiterung: gesteigerte Intensität der Wahrnehmung von Helligkeit, Farben, Raumgröße, Umgebung*

Orientierungsstörungen
Orientierungsstörungen liegen bei mangelndem Bescheidwissen über zeitliche, situative, örtliche (räumliche) oder personenbezogene (Lebenslauf-) Daten vor. Bei fortschreitender Schädigung geht meist zunächst die zeitliche, danach die situative und örtliche und zuletzt die Orientierung zur eigenen Person verloren (ZSOP).

Gedächtnisstörungen
Eine Gedächtnisstörung liegt bei der Beeinträchtigung der Fähigkeit, neue Erfahrungen (Merkfähigkeit) zu speichern oder ältere wiederzugeben (Altgedächtnis) vor. Man unterscheidet Amnesien und Paramnesien.

Formen der Amnesie

- *retrograde Amnesie: Lücke vor dem schädigenden Ereignis*
- *anterograde Amnesie: Lücke nach dem schädigenden Ereignis*
- *kongrade Amnesie: schädigendes Ereignis selbst*

Formen der Paramnesie

- *Déjà-vu: Gefühl, etwas Neues schon einmal gesehen zu haben*
- *Hypermnesie: gesteigerte Erinnerungsfähigkeit*

Formale Denkstörungen

Von formalen Denkstörungen wird gesprochen, wenn der Ablauf der Gedanken gestört ist, also beispielsweise das Tempo oder der Zusammenhang der einzelnen Gedanken untereinander.

Beispiele formaler Denkstörungen

- *verlangsamtes Denken, Denkhemmung*
- *eingeengtes Denken, Grübeln*
- *Gedankensperrung (Gedankenabreißen)*
- *Weitschweifigkeit (Umständlichkeit)*
- *Perseveration (Haften an Themen)*
- *Gedankendrängen, Ideenflucht*
- *Zerfahrenheit (Inkohärenz)*

Zwangssymptome

Zwänge sind aufdrängende Gedanken, Impulse oder Handlungen, die als ich-fremd erlebt werden aber dennoch als unsinnig erkannt werden. Daher sagt man, die Meinhaftigkeit bleibt erhalten. Man unterscheidet Zwangsgedanken, Zwangsimpulse und Zwangshandlungen, die fließend ineinander übergehen.

Wahn

Beim Wahn steht die subjektive Überzeugung im Gegensatz zu der objektiv prüfbaren Wirklichkeit. Im Gegensatz zu Zwängen, die bizarr sind, deren Unsinnigkeit aber erkannt wird, hält der Patient im Wahn an seiner Wahrnehmung fest. Alles Denken und Fühlen wird davon bestimmt. Bei Wahnphänomenen unterscheidet man verschiedene Formen und zahlreiche Wahnthemen.

Wahnformen

- *Wahnstimmung: Es liegt was in der Luft*
- *Wahnwahrnehmung: objektive Wahrnehmung mit bizarrer Interpretation (Ampel als Hinweis auf den nahenden Tod)*
- *Wahneinfall (Wahnidee, Wahngedanke)*
- *Wahnsystem: geschlossenes und in sich subjektiv stimmiges Ergebnis der Wahnarbeit*

Wahnthemen

- *(sensitiver) Beziehungswahn: Alles scheint sich nur für den Patienten zu ereignen*
- *Beeinträchtigungswahn / Verfolgungswahn: Alles scheint sich gegen den Patienten zu richten*
- *Größenwahn: Überschätzung der eigenen Bedeutung oder Fähigkeiten (Reichtum, Berufung, Abstammung)*
- *Nihilistischer Wahn: Aussichts-, Hoffnungslosigkeit*
- *Versündigungswahn (Schuldwahn)*
- *Dermatozoenwahn: Überzeugung, kleine Tiere oder Erreger seien unter der Haut*

Wahrnehmungsstörungen

Bei Wahrnehmungsstörungen kommt es zu einer Wahrnehmung ohne tatsächlichen Sinnesreiz. Typisch sind hier die Halluzinationen, die alle Sinne betreffen können, also in akustischer, optischer (visueller) und taktiler (haptischer) Form vorkommen können. Außerdem können sie den Geruchs- oder Geschmacksinn (olfaktorisch und gustatorisch) betreffen. Wird der Wahrnehmungsirrtum erkannt, spricht man von Pseudohalluzination. Eine Illusion liegt vor, wenn ein tatsächliches Objekt gesehen wird, aber für etwas völlig anderes gehalten wird.

Ich-Störungen

Ich-Störungen bestehen in seelischen Vorgängen und Erlebnissen, die als fremd und nicht zur eigenen Person gehörig erlebt werden. Der Patient hat hierbei das Gefühl, gegen seinen Willen und gegen seine Macht von außen manipuliert zu werden.

Möglichkeiten der Ich-Störungen

- *Depersonalisation, Derealisation*
- *Gedankenausbreitung*
- *Gedankenlautwerden*
- *Gedankenentzug*
- *Gedankeneingebung*
- *Willensbeeinflussung*

Affektivitätsstörungen

Beeinträchtigungen des Gefühlslebens hinsichtlich Grundstimmung, Intensität, Ansprechbarkeit und Dauer werden Affektivitätsstörungen genannt.

Typische Affektivitätsstörungen

- *Affektlabilität: Instabilität der Gefühlswelt*
- *Parathymie: (inadäquater Affekt): Erleben und Äußerung passen nicht zusammen (Lachen bei Trauer)*
- *Affektstarre: Verharren in der Gefühlslage*
- *Gefühl der Gefühllosigkeit: leidvoller Verlust des Mitgefühls*
- *Dysphorie: missmutige Stimmung*

Antriebsstörungen

Beeinträchtigungen der Energie, Initiative sowie der Aktivität werden Antriebsstörungen genannt.

Typische Antriebsstörungen

- *Antriebsarmut, Antriebshemmung*
- *Stupor: motorische Regungslosigkeit*
- *Antriebssteigerung, motorische Unruhe*
- *Stereotypien: sture Wiederholungen*
- *Mutismus: Wortkargheit*
- *Logorrhö: übermäßiger Rededrang*
- *Paramimie: Mimik und Affekt sind gegenteilig*

Suizid

Die häufigsten Todesursachen in Deutschland in
absteigender Reihenfolge:

- *Erkrankungen des Kreislaufsystems*
- *bösartige Neubildungen*
- *Erkrankungen der Atmungswege*
- *Krankheiten des Verdauungssystems*
- *Unfälle (Verletzungen, Vergiftungen)*
- *Suizid*

Die Suizidrate ist in Deutschland seit fast 30 Jahren rückläufig. Nach wie vor ist die Suizidrate in den östlichen Bundesländern etwas höher als im Westen. Jährlich versterben ca. 9.000 - 11.000 Menschen in Deutschland an Suizid. Selbsttötungen sind bei Männern etwa doppelt so häufig wie bei Frauen. Andererseits sind Suizidversuche wesentlich häufiger bei Frauen. Die meisten Menschen töten sich in den Monaten Mai und Juni.

Suizidmethoden

Harte Suizidmethoden sind z. B. Erschießen, Erhängen, Sturz von einer Brücke oder einem Hochhaus, Das Springen vor einen Zug oder ein anderes Fahrzeug. Weiche Suizidmethoden sind Intoxikationen, also das Einnehmen von Medikamenten oder Giften, die ohne deutliche äußere Schädigung oder Gewalteinwirkung den Tod herbeiführen. Frauen neigen mehr zu weichen, Männer mehr zu harten Methoden.

Suizidale Phänomene

- *Bilanzsuizid: Selbsttötung nach bewusster Überlegung und rationaler Entscheidung ohne psychopathologischen Hintergrund*
- *Initiationssuizid: Nachahmung des Suizides eines Idols (Werthereffekt)*
- *Mitnahmesuizid: Selbsttötung, bei der andere Personen ohne deren eigene Entscheidung mit getötet werden (erweiterter Suizid)*
- *Protrahierter (chronischer) Suizid: bewusste Inkaufnahme von Risiken (Alkohol, riskantes Autofahren) mit der Möglichkeit des Sterbens*

Das präsuizidale Syndrom

Von dem Suizidforscher Ringel wurde das präsuizidale Syndrom als gesetzmäßig ablaufende Erscheinungsform vor dem Suizid beschrieben. Das präsuizidale Syndrom ist gekennzeichnet durch zunehmende Einengung (Erleben der Aussichtslosigkeit), Aggressionsstau, Aggressionsumkehr (Fehlende Aggressionsumkehr und Wendung gegen die eigene Person) und Suizidphantasien.

Suizidalität und Zwangseinweisung

Menschen, die eine akute Selbsttötungstendenz zeigen, können unter Umständen auch zwangsweise in eine Klinik eingewiesen werden. Das geht jedoch nur, wenn gleichzeitig eine psychische Erkrankung vorliegt.

Mögliche Hilfen für suizidale Klienten der Heilkundepraxis

- *Verhindern Sie (gewaltfrei durch Überzeugung), dass ein akut Suizidaler Ihre Praxis alleine verlässt.*
- *Verständigen Sie Angehörige, wenn eine Zwangsunter-bringung geboten ist.*
- *Bieten Sie zusätzliche Termine an*
- *Eröffnen Sie eine Möglichkeit, einen anderen Ansprechpartner zu erreichen, wenn Sie selbst nicht verfügbar sind (Telefonseelsorge, Krisentelefone etc.)*
- *Informieren Sie den Klienten und ggf. Angehörige über die Erreichbarkeit einer Notaufnahme der Klinik.*
- *Treffen Sie nach jeder Sitzung ein Nicht-Suizid-Bündnis, indem Sie mit dem Klienten vereinbaren (gerne schriftlich), dass er sich bis zur nächsten Sitzung nicht tötet. Auch stark suizidale Klienten gehen diese Verbindlichkeit meist ein.*

Delir

Klassifikation

Das Delir gehört zu den akuten organisch bedingten psychischen Störungen. *ICD-10: F05, F1x.4*

Ursachen und Symptomatik

Ursachen akuter organischer Psychosyndrome sind meistens sekundäre Hirnschädigungen und in seltenen Fällen primäre Erkrankungen oder Beeinträchtigungen des Gehirns.

Symptome des Delirs

- *plötzlicher Beginn mit einer körperlichen Erkrankung*
- *Bewusstseinsstörungen*
- *optische Halluzinationen (Krabbeltiere)*
- *zeitliche und situative Orientierungsstörungen*
- *wahnhafte Erlebnisse (Personenverkennung)*
- *gestörtes Kurzzeitgedächtnis*
- *Aufmerksamkeitsstörungen*
- *psychomotorische Störungen (lethargisch oder hyperaktiv)*
- *Erregung, Furcht und Angst*
- *Blässe, Erröten, Schwitzen, Erbrechen, Zittern (Tremor)*
- *Störungen des Schlaf-Wach-Rhythmus*
- *Fluktuation der Symptomatik (Verschlechterung nachts und früh morgens)*
- *partielle Amnesie für den Zeitraum des Delirs*

Erscheinungsformen

Im Unterschied zum traditionellen Begriff Delir wird heute unter Delir jedes psychoorganische Syndrom mit Bewusstseinsveränderung verstanden. Es müssen also nicht alle genannten Symptome des traditionellen Delirs, das man heute eher als Vollbild eines Delirs bezeichnet, vorhanden sein. Nachträglich lassen sich alle Formen deliranter Psychosyndrome an der charakteristischen partiellen oder totalen Amnesie erkennen!

Spezielle Erscheinungsformen des Delirs

- *Bewusstseinsminderung: quantitative Einschränkungen von Somnolenz bis Koma ganz im Vordergrund*
- *Amentielles Syndrom (Verwirrtheit): Delir ohne Halluzination und Wahn, häufig mit starkem Bewegungsdrang und motorischer Unruhe (z.B. bei zerebrovaskulären Erkrankungen)*
- *Dämmerzustand: Patient befindet sich in einem traumähnlichen Zustand, findet sich einigermaßen zurecht, verkennt jedoch zumindest teilweise Ort, Zeit und Personen; wahnhafte Züge kommen vor.*
- *Delir (traditionell) im Vollbild*

Ein Vorstadium zum Delir (subdelirantes Syndrom), das das Vollbild ankündigt, ist durch Schlafstörungen, Aufmerksamkeitsstörungen, Angst, Unruhe und mimisches Beben gekennzeichnet.

Das Delir in der Heilkundepraxis

Als Nebenwirkung einer Medikamenteneinnahme oder des Suchtmittelmissbrauchs können Delirien plötzlich auftreten. Kommt dies in der Praxis des Heilpraktikers vor, ist das als medizinischer Notfall einzustufen. Notärztliche Versorgung ist hier dringend erforderlich.

Durchgangssyndrome

Akute organische Psychosyndrome, die ohne Beeinträchtigung des Bewusstseins verlaufen, nennt man Durchgangssyndrome. Sie treten meist nach dem Abklingen eines Delirs auf und können viele verschiedene Formen haben, beispielsweise als depressives oder ängstliches Syndrom oder als Halluzinose vorkommen. Beim akuten Korsakow-Syndrom liegt eine Symptomtrias aus Desorientiertheit, Merkfähigkeitsstörung (Sekundengedächtnis) und Konfabulationen vor.

Demenz

Klassifikation

Synonyme sind die klassischen Bezeichnungen hirnorganisches Psychosyndrom (HOPS) und psychoorganisches Syndrom (POS). *ICD-10: F00, F01, F02, F03*

Symptomatik

Demenzielle Syndrome kommen vor allem im höheren Alter vor und sind dort sehr verbreitet. Es handelt sich dabei immer um Manifestationen einer Leistungseinbuße des primär vollständig entwickelten Gehirns. Bei einer Demenz bleibt das Bewusstsein intakt. Die fehlende Bewusstseinseintrübung bei der Demenz ist die wesentliche Unterscheidung zum Delir.

Frühsymptome einer Demenz

- *Konzentrationsstörungen*
- *Wortfindungsstörungen*
- *verminderte emotionale Kontrolle, Reizbarkeit*

Symptome einer fortschreitenden Demenz

- *Gedächtnisstörungen (zunächst Kurzzeitgedächtnis)*
- *Auffassungsstörungen, Neues wird nicht mehr gelernt*
- *langsames, eingeengtes Denken*
- *zeitlich und/oder örtliche Desorientiertheit*
- *Antriebshemmung, Antriebsarmut*
- *depressive Züge*

Symptome einer deutlich fortgeschrittenen Demenz

- *Perseveration*
- *Affektinkontinenz, Apathie*
- *Aphasie (Sprachstörungen), Apraxie (Bewegungskoordination)*
- *Alexie (Lesestörung), Agraphie (Schreibstörung)*
- *Agnosie (Nichterkennen von Gegenständen)*
- *situative, bis hin zur persönlichen Desorientiertheit*
- *gestörtes Langzeitgedächtnis*

Demenzformen nach Ursachen

- *degenerative Demenzen, ca. 50 %*
- *vaskuläre (gefäßbedingte) Demenzen, ca. 10-20 %*
- *gemischte Demenzen (degenerativ und vaskulär), ca. 10-25 %*
- *sekundäre Demenzen, ca. 10-15 %*

Demenzen können prinzipiell progredient sein, d.h. voranschreitend, sie können konstant sein, d.h. der Zustand des Klienten bleibt langfristig unverändert, und sie können reversibel sein, d.h. nach Ausheilen der zu Grunde liegenden Erkrankung bildet sich die Demenz zurück. Bei frühzeitiger Erkennung und Behandlung sind etwa 10 % der demenziellen Syndrome reversibel.

Differenzialdiagnose Demenz vs. Delir

Die Unterschiede zwischen Delir und Demenz müssen Sie in der Prüfung rauf- und runter beten können. Außer den Unterschieden sollte man wissen, dass beide auch gleichzeitig vorliegen können und dass anhaltende Delirien in chronische Zustände einer Demenz übergehen können. Die Diagnose Delir ist nur bis zu einer Gesamtdauer von 6 Monaten zulässig.

Delir

- *Bewusstseinseintrübung*
- *plötzlicher Beginn, Zeitpunkt bekannt*
- *akuter Verlauf (Tage bis Wochen), selten länger als 1 Monat*
- *frühe Orientierungsstörungen*
- *ausgeprägte Befundschwankungen*
- *ausgeprägte psychomotorische Veränderungen*
- *ausgeprägte körperliche Befunde*

Demenz

- *Bewusstsein klar*
- *allmählicher Beginn, Zeitpunkt meist nicht bekannt*
- *chronischer Verlauf, typischerweise über Jahre hinweg*
- *Orientierungsstörungen im späten Verlauf*
- *geringe Befundschwankungen*

Krankheiten, die zur Demenz führen

Die folgenden Krankheiten führen in ihrem Verlauf früher oder später in der Regel zu einer Demenz beim Patienten.

Alzheimer-Krankheit

- degenerative Hirnerkrankung
- Frühsymptome: Wortfindungsstörungen, Merkschwächen
- häufig depressive Begleitsymptome
- Tremor des Kopfes und der Hände
- kleinschrittiger Gang, Kräfteverlust
- senile Form mit Beginn ab 65 Jahren
- präsenile Form häufiger und schneller

Multiinfarktdemenz

- Demenz nach mehreren "kleineren" Schlaganfällen
- quälende Müdigkeit, Schlafumkehr
- dumpfe Kopfschmerzen
- Schwindel, Ohrensausen
- Affektstörungen stärker als bei Alzheimer
- reizbare Schwäche
- gebeugte Gestalt, unsicherer Stand
- motorische Verarmung
- Tremor an Händen und Kopf
- oft schubweiser Verlauf

Morbus Pick

- Pick-Zellen (angeschwollene kortikale Neuronen) im Gehirn
- Veränderungen der Persönlichkeit
- Stimmungsschwankungen
- Distanzlosigkeit
- Bagatelldelikte wie Ladendiebstähle
- sexuelle Auffälligkeiten im Kontakt mit Kindern
- nicht Pädophilie!

Creutzfeldt-Jacob-Krankheit

- durch ein übertragbares Protein (Prion) hervorgerufen
- beginnt um das 55.-60. Lebensjahr
- Angst- und depressive Störungen
- Zittern und Bewegungsstörungen
- Patienten versterben innerhalb von einem halben bis zwei Jahren nach Krankheitsbeginn völlig hilflos und pflegebedürftig

Chorea Huntington

- Erbkrankheit
- kann auch sporadisch auftreten
- bizarre Bewegungsstörungen
- depressive Störungen als reaktive Störungen
- ständige Bewegungsunruhe
- Patienten magern ab
- Beginn im 4. oder 5. Lebensjahrzehnt
- Patient wird hilflos und pflegebedürftig

Parkinson-Krankheit

- Gehirnzentren, die für die Bewegungskoordination verantwortlich sind, verlieren ihre Funktion
- Tremor
- Rigor
- Akinese

Multiple Sklerose (MS)

- Autoimmunerkrankung
- Nystagmus (zuckende/zitternde Augenbewegungen)
- Sprachstörungen (skandierte Sprache)
- Intentionstremor (Zittern bei Zeigebewegungen)

Alkoholabhängigkeit

Abhängigkeitskriterien nach ICD-10
Unter psychischer Abhängigkeit versteht man das starke unwiderstehliche Verlangen (craving) nach einer Substanz oder Alkohol, körperliche Abhängigkeit bezeichnet einen Zustand des Organismus, in dem gegen die Droge eine Toleranz eingetreten ist und die Droge infolgedessen ständig zugeführt werden muss, um Entzugssyndrome zu vermeiden. Unter Missbrauch oder schädlichem Gebrauch wird nach der ICD-10 ein Konsumverhalten verstanden, dass zu einer körperlichen oder psychischen Gesundheitsschädigung führt.

Abhängigkeitskriterien nach ICD-10

- *ein starker Wunsch oder Zwang, Substanzen zu konsumieren*
- *verminderte Kontrollfähigkeit bezüglich Beginn, Ende und Menge des Substanz- oder Alkoholkonsums*
- *ein körperliches Entzugssyndrom*
- *Nachweis einer Toleranzentwicklung*
- *Vernachlässigung anderer Vergnügen oder Interessen*
- *anhaltender Konsum trotz Nachweis schädlicher Folgen*

Ursachen und Folgen der Alkoholabhängigkeit
Hier sind immer mehrere komplex miteinander verbundene Ursachen zu betrachten, die sich jeweils individuell unterscheiden.

Abhängigkeitsursachen

- *genetische Faktoren*
- *psychiatrische Komorbidität*
- *soziale Faktoren*
- *aktuelle soziokulturelle Belastungen*
- *Konsumgewohnheiten in der Gesamtbevölkerung*
- *Eigenwirkungen der Substanzen*

Körperliche Auswirkungen

- *Polyneuropathien und neurologische Ausfälle*
- *Alkoholdelir, Alkoholdemenz, Korsakow-Syndrom*
- *Leber: Zirrhose, Hepatitis*
- *Gewichtsverlust, Schlafstörungen*
- *Immunsystem: erhöhte Infektanfälligkeit*

Soziale Auswirkungen

- *Verlust von Freunden*
- *Probleme am Arbeitsplatz*
- *Beschaffungskriminalität*
- *Unfallgefahr*
- *Suizidgefahr*
- *familiäre Schwierigkeiten*
- *sozialer Abstieg*

Die Entwicklung der Alkoholabhängigkeit

Die Abhängigkeit von Alkohol verläuft über typische Phasen, die fließend ineinander übergehen. Die Dauer für das Durchlaufen der r Stadien beträgt 6-12 Jahre, bei Jugendlichen f 2-3 Jahre.

Präalkoholische Phase

- *Erleichterungstrinken*
- *steigende Verträglichkeit*
- *sinkende seelische Belastbarkeit*

Prodromale Phase

- *heimliches Trinken, schnelles erstes Glas!*
- *Toleranzentwicklung*
- *amnestische Lücken*

Kritische Phase

- *Stimmungsschwankungen*
- *Abstinenzversuche, Kontrollverlust*
- *Interesseneinengung, Alibis*
- *körperliche Folgen*

Chronische Phase

- *deutliche Schädigungsfolgen*
- *sinkende Alkoholtoleranz*
- *morgendliches Trinken*
- *verlängerte Räusche*
- *sozialer Abstieg*

Typologien Alkoholabhängiger

Die gängigste Unterscheidung verschiedener Typen ist die Differenzierung nach **Alpha-, Beta-, Gamma-, Delta-** und **Epsilon-Typ**. Als alkoholabhängig im engeren Sinne gelten hierbei der Gamma- und Delta-Typ. Die anderen Typen werden als Vorformen dieser beiden gesehen, können aber auch für sich bestehen bleiben.

- **Alpha:** *Konflikttrinker, zeitweilig psychisch abhängig, kein Kontrollverlust, Fähigkeit zur Abstinenz Häufigkeit ca. 5 %*
- **Beta:** *Gelegenheitstrinker, keine Abhängigkeit, kein Kontrollverlust, Fähigkeit zur Abstinenz Häufigkeit ca. 5 %*
- **Gamma:** *süchtiger Trinker, zuerst psychisch abhängig, dann physisch, Kontrollverlust, zeitweilige Fähigkeit zur Abstinenz, Häufigkeit ca. 65 %*
- **Delta:** *Gewohnheitstrinker, physisch abhängig, kein Kontrollverlust, nicht abstinenzfähig Häufigkeit ca. 20 %*
- **Epsilon:** *episodischer Trinker (Dipsomanie), psychisch abhängig, Kontrollverlust, abstinenzfähig, Häufigkeit ca. 5 %*

Organische Psychosyndrome bei Alkoholabhängigkeit

- *Rauschzustände*
- *Alkoholdelir (Delirium tremens)*
- *Alkoholhalluzinosen*
- *Wahnsyndrome*
- *chronisches Korsakow-Syndrom*
- *Alkohol-Embryopathie*

Medizinische Behandlung der Alkoholabhängigkeit

Die Behandlung der Alkoholabhängigkeit sollte nach möglichst früher Diagnose beginnen und lässt sich in vier Phasen unterteilen: Kontakt- und Motivierungsphase, Entgiftungs-/ Entzugphase, Entwöhnungsphase, Nachsorge- und Rehabilitationsphase.

Differenzialdiagnose Alkoholentzugsdelir vs. Alkoholhalluzinose

Alkoholdelir

- *3 - 7 Tage*
- *Bewusstseinsstörung vorhanden*
- *zeitliche, örtliche, situative Desorientiertheit*
- *optische Halluzinationen, illusionäre Verkennungen*
- *gesteigerte Suggestibilität*
- *Schwanken zwischen Angst und Euphorie*
- *Unruhe, Nesteln, Agitiertheit*
- *Tachykardie, Fieber, Schlafstörungen, Erbrechen, Durchfall, Blutdruckkrisen, Schwitzen, Tremor, zerebrale Krampfanfälle*

Alkoholhalluzinose

- *wenige Wochen bis Monate*
- *keine Bewusstseinsstörung, keine Orientierungsstörungen*
- *akustische Halluzinationen, oft wahnhaft interpretiert*
- *unauffällige Suggestibilität*
- *depressiv, ängstlich, Panik*
- *keine psychomotorische Auffälligkeit*
- *allenfalls unbedeutende vegetative Symptome*

Illegale Drogen

Der Morphin-Opiat-Typ
Hierzu zählen Opium, Heroin, Methadon, Codein und stark wirksame Analgetika. Opiate und Opioide besitzen unter den Drogen das höchste psychische und physische Abhängigkeitspotenzial mit rascher Toleranzentwicklung. Die klinische Symptomatik einer Opiat-/ Heroin-Intoxikation wird durch die Trias Koma, Atemdepression und Miosis (Pupillenverengung) bestimmt. Die Entzugssymptome umfassen Gähnzwang, Schlaflosigkeit, Mydriasis (Pupillenerweiterung), Durchfall und Erbrechen.

Barbiturat-/ Alkohol-Typ
Hierzu zählen Alkohol, Benzodiazepine, Barbiturate, Meprobamat, Clomethiazol und Diphenhydramin. Barbiturate besitzen ein sehr hohes Abhängigkeitspotenzial. Die zu dieser Gruppe gehörenden Medikamente werden meist in Tablettenform eingenommen. Barbituratmissbrauch führt zu Euphorie, Sedierung, Affektlabilität, Dysphorie, Gedächtnislücken. Benzodiazepinmissbrauch führt langfristig zu dysphorischer Verstimmung, Gleichgültigkeit und psychischer Leistungsminderung.

Kokain-Typ
Kokain hat ein starkes psychisches Abhängigkeitspotenzial. Zu physischer Abhängigkeit kommt es nicht! Die akute Wirkung, die auch Kick genannt wird, zeigt sich in Euphorie, Libidosteigerung, Abbau von Hemmungen, subjektiver Steigerung von Kreativität und Leistungsfähigkeit, reduziertem Hunger-, Durst- und Schlafgefühl. Hier gibt es keine typischen Entzugssyndrome.

Cannabis-Typ
Hier existieren zwei Formen: Haschisch und Marihuana. Es entsteht mit der Zeit eine mäßige psychische, jedoch keine körperliche Abhängigkeit, sodass beim Absetzen kein charakteristisches Abstinenz-Syndrom auftritt. Cannabis-Konsum führt zu Euphorie, Gefühl der Zeitverlangsamung und Beeinträchtigung des Urteils-

vermögens. Bei chronischem Gebrauch kommt es zu paranoiden Reaktionen und Halluzinationen. Induktion von wahnhaften Störungen und Psychosen ist möglich. Gedächtnisstörungen treten noch Wochen nach dem Absetzen auf.

Amphetamin-Typ

Hierzu zählen synthetisch hergestellte Amphetamine und amphetaminähnliche Substanzen (Weckamine). Bekannteste Designerdroge ist das Ecstasy (XTC). Es handelt sich hierbei um verschiedene Formen von Methylendioxyamphetaminen (MDMA). Der Missbrauch von Amphetaminen erfolgt zur Antriebssteigerung (Doping) im Sinne einer vermeintlichen Leistungssteigerung sowie als Appetitzügler. Psychische Symptome sind Unruhe, Nervosität, Enthemmung, Kritiklosigkeit, Euphorie, Ideenflucht, optische und akustische Sinnestäuschungen, paranoide Symptome und Angst. Da keine körperliche Abhängigkeit vorliegt, kommt es nicht zu typischen Entzugssyndromen. Beim Entzug werden verschiedene Wirkungen beobachtet, z. B. extreme Müdigkeit oder Schlaflosigkeit, Schmerzen, Heißhunger und Erschöpfungsdepression mit Suizidalität.

Halluzinogen-(LSD)-Typ

Unter Halluzinogenen versteht man Substanzen, die lebhafte Wahrnehmungsstörungen unterschiedlicher Art hervorrufen. Hierzu gehören LSD (Lysergsäurediäthylamid), Mescalin, Psilocybin, DOM (Dimethoxymethylamphetamin), Phencyclidin (PCP, Angel's Dust), das chemisch den Amphetaminen ähnelt. Es besteht ausgeprägte psychische Abhängigkeit, jedoch keine körperliche Abhängigkeit! Der Halluzinogenrausch äußert sich in Gefühlsintensivierung, optischen Halluzinationen, Ideenflucht, Veränderungen des Ich-Erlebens, Körpergefühls und Raum-Zeit-Erlebens.

Schizophrenie

Die Welt der Schizophrenie
Schizophrene Psychosen sind durch grundlegende Störungen des Denkens, der Wahrnehmung und durch inadäquate Affekte gekennzeichnet. Die Störung beeinträchtigt im Wesentlichen die menschliche Fähigkeit, ein Gefühl von Individualität, Einzigartigkeit und Entscheidungsfreiheit zu entfalten.

Symptome ersten und zweiten Ranges
Die klassische Psychopathologie nach Kurt Schneider unterscheidet Symptome ersten und zweiten Ranges. Vor einigen Jahren wurden diese häufig in der Prüfung abgefragt. In letzter Zeit ist das weniger der Fall, da offiziell nach ICD geprüft wird. Derzeit sollte das Konzept Schneiders aber noch gelernt werden, da es durchaus im mündlichen Teil der Prüfung noch abgefragt wird.

Symptome 1. Ranges nach Schneider

- *Wahnwahrnehmung*
- *Stimmenhören, Gedankenlautwerden*
- *Gedankeneingebung, Gedankenentzug, Gedankenausbreitung*
- *Willensbeeinflussung*
- *leibliche Beeinflussungserlebnisse*

Symptome 2. Ranges nach Schneider

- *Wahneinfall*
- *Akoasmen*
- *optische Halluzinationen*
- *olfaktorische, gustatorische Halluzinationen*
- *Zönästhesien*

Das Konzept der Basissymptome (Grundstörungen)
Schneider hat mit seinem Konzept versucht, die besondere Andersartigkeit der schizophrenen Denk- und Wahrnehmungsstörungen zu beschreiben. Die Gefahr besteht dabei darin, unauffälligere Erscheinungsformen der Krankheit zu übersehen. Bleuler hingegen betrachtet gerade

die weniger augenscheinlichen Symptome als die entscheidenden, da bei spektakulären Symptomen die Diagnose ohnehin leicht fällt.

Basissymptome (Grundstörungen) nach Bleuler

- *formale Denkstörungen (v.a. Zerfahrenheit)*
- *Affektivitätsstörungen (v.a. Ambivalenz)*
- *Ich-Störungen (Autismus)*

Akzessorische Symptome nach Bleuler

- *Wahn*
- *Halluzinationen*
- *katatone Symptome*

Die Einteilung nach Plus- und Minussymptomen

Der Begriff Plussymptom bezeichnet die Tatsache, dass zur "normalen" Erlebniswelt etwas hinzukommt, das für den Beobachter nicht nachvollziehbar ist. So genannte Minussymptome sind durch einen Mangel gekennzeichnet.

Produktive Symptome (Plus-, Positivsymptome)

- *Denkstörungen*
- *Erregung und Anspannung*
- *Wahnvorstellungen*
- *Halluzinationen*
- *Ich-Störungen*

Minussymptome (Negativ-, A-Symptome)

- *Alogie (Verarmung der Sprache und Sprachreaktion)*
- *Affektverflachung, Apathie*
- *Anhedonie (Unfähigkeit Freude zu empfinden)*
- *Asozialität (eingeschränkte Konfliktfähigkeit aufgrund von Mangel an sozialer Interaktion)*
- *Aufmerksamkeitsstörungen*

Schizophrenie in der ICD-10

Zur Diagnosestellung muss für die Dauer eines Monats (!) mindestens ein eindeutiges Symptom der Gruppen 1-4 vorliegen oder es müssen mindestens zwei Symptome der Gruppen 5-8 vorliegen. Kürzere Episoden werden zunächst als schizophreniforme Störung diagnostiziert.

Schizophrene Symptome nach ICD-10

1. *Gedankenlautwerden, Gedankeneingebung, Gedankenentzug, Gedankenausbreitung*
2. *Kontrollwahn, Beeinflussungswahn, Gefühl des Gemachten, bezogen auf Körper- oder Gliederbewegungen oder bestimmte Gedanken, Tätigkeiten, Empfindungen, Wahrnehmungen*
3. *Stimmen, die aus einem Teil des Körpers kommen oder die über den Patienten sprechen (kommentierend, dialogisch)*
4. *Anhaltender bizarrer Wahn, beispielsweise das Wetter kontrollieren zu können oder mit Außerirdischen in Kontakt zu stehen*
5. *Anhaltende Halluzinationen, begleitet entweder von Wahngedanken oder überwertigen Ideen, täglich über Wochen oder Monate*
6. *Gedankenabreißen oder Einschübe in den Gedankenablauf, was zu Zerfahrenheit, Neologismen und Danebenreden führt*
7. *Katatone Symptome (Erregung, Stereotypien, Flexibilitas cerea, Mutismus, Stupor)*
8. *Negativsymptome, nicht durch Depression oder Medikamente verursacht*
9. *Eine eindeutige und durchgängige Veränderung des Verhaltens (Ziellosigkeit, Trägheit, sozialer Rückzug)*

Als Faustregel gilt, dass selbst bei ungünstigem Krankheitsverlauf nach etwa 10-20 Jahren eine deutliche Abschwächung der Symptomatik eintritt und die Erkrankten ein einigermaßen zufrieden stellendes Leben führen können. Außerdem ist jederzeit ein positiver Knick möglich.

Paranoid-halluzinatorische Verlaufsform
Hierbei handelt es sich um die häufigste und dramatischste Verlaufsform, die bestimmt ist durch Paranoia (Wahnentwicklung) und Halluzinationen, die gemeinsam das Krankheitsbild prägen. Im Mittel werden sechs bis acht Episoden durchgemacht.

Hebephrene oder desintegrative Schizophrenie
Diese Verlaufsform beginnt im jugendlichen Alter. Die Patienten sind wenig ernst, wirken oberflächlich albern, reden viel und ungeordnet und sind schwer auf Konkretes festzulegen. Die Mimik wird durch viel-

fältige Grimassen geprägt, manche Kranke entwickeln ausgeprägte Marotten oder gekünstelt wirkende Bewegungs- und Verhaltensmuster, Hemmungen in allen Lebensgebieten können verloren gehen.

Katatone Verlaufsform

Diese Form ist durch Störungen der Motorik und schwere Veränderungen des Antriebs gekennzeichnet. Daneben können Denk- und Wahrnehmungsveränderungen auftreten. Die psychomotorischen Störungen können zwischen extremer Hyperkinese (gesteigerter Bewegungsdrang) und Stupor (Starre) schwanken.

Postschizophrene Depression

Eine postschizophrene Depression erfüllt die Kriterien einer Depression, folgt aber auf eine Schizophrenie. Hierzu müssen für die Dauer von 12 Monaten schizophrene Symptome vorgelegen haben und nach dem Abklingen die depressive Symptomatik sichtbar werden.

Schizophrenes Residuum (Residualtyp)

Im Residualzustand sind mehr Grundsymptome als akzessorische Symptome zu finden. Wahn und katatone Symptome treten in den Hintergrund. Kennzeichnend sind Denkstörungen, Erlahmung des Antriebes, Verarmung der Affektivität und Autismus. Residualzustände sind weniger direkte Krankheitsfolge als viel mehr das Ergebnis der Auseinandersetzung mit der Erkrankung.

Verlauf und Prognose der Schizophrenie

Das Vollbild einer Schizophrenie kann akut auftreten oder sich schleichend entwickeln. In der Rückbildung und im Residualzustand kann es zu erhöhter Selbsttötungsgefahr, einer so genannten suizidalen Krisen kommen. Die so genannte Drittelregel dient als Merksatz für die Prüfung und für die Praxis.

Drittelregel

- *Ein Drittel einmaliger Krankheitsepisoden mit guter Ausheilung ohne Restsymptome*
- *Ein Drittel wiederkehrender Krankheitsepisoden mit unterschiedlich starken Restsymptome*
- *Ein Drittel chronische Verläufe*

Ursachen der Schizophrenie

Der multifaktorielle Ansatz geht von einer Beteiligung vieler Faktoren aus, die zur Erkrankung und zum individuellen Verlauf beim einzelnen Patienten beitragen. Zum Teil sind genetische Bedingungen verantwortlich. Sie bestimmen vor allem das Risiko, zu erkranken. Außerdem gibt es im Zusammenhang mit schizophrenen Erkrankungen morphologische Gehirnveränderungen und Veränderungen im Gehirnstoffwechsel, die eine Rolle spielen. Eine weitere wichtige Säule bilden psychosoziale Faktoren, also das familiäre und lebensweltliche Umfeld einer Person. Überbeanspruchung durch emotionale Nähe birgt für Schizophrene besondere Gefahren! Zu viel Nähe und emotionale Zuwendung stellen für den schizophren Erkrankten Überforderungen dar.

Behandlung der Schizophrenie

Schizophrene Psychosen werden häufig auf mehrere Arten behandelt. Wichtig ist hier, dass es ohne Medikamente nicht geht! Am sinnvollsten ist in den meisten Fällen eine abgestimmte Kombination von Somatotherapie (Medikamente), Psychotherapie und Soziotherapie.

Wirkungen und Nebenwirkungen von Neuroleptika

Viele Patienten fürchten die Nebenwirkungen der Neuroleptika und setzen diese daher ab. Die typischen Nebenwirkungen in Form von Bewegungsstörungen können heute durch so genannte atypische Neuroleptika jedoch gering gehalten werden.

Wirkungen

- dämpfen Erregung, Aggressivität und Anspannung
- gegen Sinnestäuschungen und Wahn
- vermindern Ich-Störungen und katatone Symptome

Nebenwirkungen

- Bewegungsstörungen (Akathisie)
- Blutdrucksenkungen mit Schwindelgefühlen
- Mundtrockenheit
- Verstopfung
- Sehstörungen (Rückbildung!)
- (selten) Blutbildungsstörungen

Depression

Klassifikation
Depressionen gehören zu den affektiven Störungen. Die Beeinträchtigung der Stimmungslage und Anpassungsfähigkeit der Stimmung steht ganz im Vordergrund. *ICD-10: F33, F33*

Symptomatik
Das klinische Bild der Depression ist vielgestaltig und kann von leicht gedrückter Stimmung bis hin zu dem Gefühl der Gefühllosigkeit gehen. Leitsymptome der Depression sind die depressive Verstimmung, Hemmung von Antrieb und Denken sowie Schlafstörungen. Das Denken ist auf der einen Seite gehemmt und durch Einfallsarmut und Konzentrationsstörungen gekennzeichnet, andererseits kommt es häufig zu Grübeln. Häufig gibt es neben den Schlafstörungen vegetative Symptome wie Appetitlosigkeit, Obstipation (Verstopfung), Libidomangel und leibliche Missempfindungen wie Druck- und Schweregefühl im Brust- und Bauchraum bzw. in den Extremitäten. Die gedrückte Stimmung hält ohne bedeutende Schwankungen an. Es kommt jedoch häufig zu charakteristischen Schwankungen im Tagesverlauf mit typischem Morgentief und tendenzieller Linderung am Nachmittag.

Symptome der depressiven Episode

- *depressive Verstimmung*
- *Antriebshemmung*
- *Interessenverlust*
- *Freudlosigkeit*
- *verminderte Konzentration, Aufmerksamkeit*
- *vermindertes Selbstwertgefühl, Selbstvertrauen*
- *Schuldgefühle, Gefühl der Wertlosigkeit*
- *pessimistische Zukunftsperspektive*
- *erhöhte Suizidalität*
- *Schlafstörungen*
- *verminderter Appetit*

Formen der Depression

Die ICD-10 spricht nur von depressiver Phase und unterscheidet keine Subtypen. Dennoch werden klinisch verschiedene Formen unterschieden, die hier aufgelistet sind:

Typische Formen der Depression

- *gehemmte Depr.: Psychomotorik und Aktivität reduziert*
- *agitierte Depr.: ängstliche Getriebenheit, Bewegungsunruhe*
- *larvierte Depr.: Körperbeschwerden im Vordergrund*
- *anankastische Depr.: Zwangssymptome im Vordergrund*
- *psychotische Depression: Wahnideen*
- *SAD: Herbst- oder Winterdepression*

Weitere klinisch unterschiedene Formen

- *Involutions- / Spätdepression: Beginn nach dem 45. Lebensjahr*
- *Altersdepression: erstmalig nach dem 60. Lebensjahr*
- *Wochenbettdepression*
- *Erschöpfungsdepression*
- *Rapid-Cycling: mehr als 4 Phasen pro Jahr*

Differenzialdiagnose Demenz vs. Pseudodemenz

Pseudodemenz ist eine Depression, die auf den ersten Blick wie eine Demenz aussieht.

Demenz

- *langsame Entwicklung, Beginn unbekannt*
- *kein frühes Beklagen von Merkstörungen*
- *ausweichende Antworten*
- *„Vertuschen" der Symptome*

Depressive Pseudodemenz

- *rasche Entwicklung, Beginn wird vom Patienten angegeben*
- *frühes Klagen des Patienten über „Gedächtnisverlust"*
- *„Ich weiß nicht"*
- *Beklagen der Symptome*

Dysthymia

Bei der Dysthymia handelt es sich um eine chronisch depressive Verstimmung leichteren Grades, die mindestens 2 Jahre kontinuierlich andauert. Die betroffenen Personen fühlen sich müde, depressiv, unzulänglich und schlafen schlecht. Sie sind in der Regel in der Lage, mit den Anforderungen des täglichen Lebens klar zu kommen, obwohl Alles für sie eine Anstrengung ist und sie nichts genießen können. Die Störung beginnt gewöhnlich früh im Erwachsenenalter und wird auch neurotische Depression genannt.

Medikamentöse Behandlung mit Antidepressiva

Antidepressiva besitzen den Vorteil, dass sie gegen alle depressiven Zustände wirken, unabhängig von deren Ursache. Außerdem machen sie nicht körperlich abhängig! Antidepressiva wirken antriebssteigernd und stimmungsaufhellend. Zu Beginn einer Therapie mit Antidepressiva steigert sich häufig die Suizidalität des Patienten. Das hat damit zu tun, dass die antriebssteigernde Wirkung eher einsetzt als die stimmungsaufhellende!

Wirkungen

- *stimmungsaufhellend, antriebssteigernd*
- *regulierend auf somatische Symptome der Depression*

Nebenwirkungen

- *viele Präparate sedierend und Blutdruck senkend*
- *Appetitsteigerung (Gewichtszunahme)*
- *vorübergehende Mundtrockenheit (voll reversibel)*
- *Akkommodationsstörungen (voll reversibel)*
- *teilweise Blutbildungsstörungen*

Schlafentzug, Wachtherapie

Die Behandlung mit Schlafentzug, die auch Wachtherapie genannt wird, hat eine lange Tradition und bewirkt rasche, wenn auch vorübergehende Linderung bei Depressionen. Hierbei werden Depressive in den frühen Morgenstunden geweckt oder ganz am Schlafen gehindert und mit leichten Tätigkeiten (Spiele) beschäftigt. Schlafen dürfen sie erst wieder zur nächsten üblichen Schlafenszeit und nicht länger als gewöhnlich.

Das typische Morgentief depressiver Krankheiten kann so gelindert werden, die Tagesschwankungen werden geringer.

Elektrokrampftherapie (EKT)

Die EKT kommt bei Stupor und schwerer Melancholie zum Einsatz. Durch eine Elektrostimulation am Kopf des Patienten wird ein epileptischer Anfall ausgelöst. Diese Behandlung wird unter Vollnarkose durchgeführt und unter Relaxation (Entspannung) der Muskulatur. Daher spürt der Patient nichts von der Behandlung. Der genaue Wirkungsmechanismus ist unbekannt, das Verfahren ist ungefährlich.

Die repetitive transkranielle Magnetstimulation (rTMS)

Eine andere Behandlungsmethode für depressive Erkrankungen ist die so genannte repetitive (wiederholte) transkranielle (von außen durch den Schädel) Magnetstimulation (rTMS). Mit Hilfe eines Elektromagneten, der in einem Metallgehäuse eingebaut ist, werden Magnetimpulse auf der dominanten Gehirnhälfte ausgelöst. Das Verfahren hilft bei leichten bis mittelschweren Depressionen und ist ungefährlich.

Lichttherapie

Bei der jahreszeitlich gebundenen, regelmäßig im Herbst und Winter wiederkehrenden Depression (SAD, saisonal abhängige Depression), kann Lichttherapie alleine oder in Kombination mit Antidepressiva erfolgreich sein. Der Patient wird einem Licht ausgesetzt, das ein dem Tageslicht vergleichbares Wellenspektrum besitzt. Der genaue Wirkungsmechanismus ist nicht geklärt.

Psychotherapie

Die ausschließliche Behandlung mit psychotherapeutischen Methoden ist bei Affektpsychosen nicht ausreichend. Ohne Psychotherapie ist andererseits somatische Behandlung deutlich weniger wirksam. Der psychotherapeutische Ansatz bei der Behandlung von Affektpsychosen ist vor allem supportiv und trägt z.B. dazu bei, dass Patienten behandlungswillig werden oder bleiben.

Manie

Klassifikation
Manische Syndrome gehören zu den affektiven Störungen. Die Beeinträchtigung der Stimmungslage und Anpassungsfähigkeit der Stimmung steht ganz im Vordergrund. *ICD-10: F30*

Symptomatik
Leitsymptome der Manie sind die inadäquat gehobene Stimmung, Antriebssteigerung, beschleunigtes Denken (Ideenflucht) und Selbstüberschätzung. Die übermütig-euphorische Stimmung ist verbunden mit Rededrang, Hyperaktivität und vermindertem Schlafbedürfnis. Die Selbstüberschätzung kann bis zu Größenideen gehen, die Patienten fühlen sich enorm leistungsfähig. Soziale Folgen wie bedenkenloses Geldausgeben, Distanzlosigkeit und Enthemmung, berufliche und soziale Konflikte sind häufig zu beobachten, bei gleichzeitigem Fehlen eines Krankheitsgefühls, was eine Behandlung gegen den Willen des Erkrankten notwendig machen kann. Eine Manie bedingt in der Regel Schuldunfähigkeit und fehlende Geschäftsfähigkeit (Kaufverträge!). Zum Selbstschutz der Person ist eine Unterbringung (Zwangseinweisung) möglich.

Symptome der Manie

- inadäquat gehobene Stimmung
- Antriebssteigerung
- beschleunigtes Denken, Selbstüberschätzung
- Euphorie, Hyperaktivität
- verminderter Schlafdrang
- Irritierbarkeit
- Feindseligkeit, Wahnideen
- Rededrang (Logorrhö)
- Ideenflucht
- Alkoholmissbrauch
- Hypersexualität

Hypomanie

Weniger stark ausgeprägte Manien, so genannte Hypomanien, können durch mitreißende Euphorie und Antriebssteigerung, z. B. bei Künstlern und Geschäftsleuten positive Züge aufweisen. Reizbarkeit und flegelhaftes Verhalten treten jedoch oft an die Stelle der Euphorie. Konzentration und Aufmerksamkeit können beeinträchtigt sein, führen jedoch nicht zum Abbruch der Berufstätigkeit oder zu sozialer Ablehnung.

Manie ohne psychotische Symptome

Die Stimmung ist inadäquat gehoben und kann zwischen sorgloser Heiterkeit und unkontrollierter Erregung schwanken. Übliche soziale Hemmungen gehen verloren, Ablenkbarkeit und Aufmerksamkeitsstörungen sind typisch. Größenideen und maßloser Optimismus werden freizügig geäußert. Maniker beginnen mit Engagement nicht durchführbare Projekte, geben mehr Geld aus als sie jemals bezahlen können oder werden zu völlig unpassenden Gelegenheiten verliebt, gereizt oder scherzhaft.

Manie mit psychotischen Symptomen

Diese Form ist noch einmal eine Steigerung der Manie ohne psychotische Symptome. Aus Größenideen wird Wahn, aus Reizbarkeit und Misstrauen mitunter Verfolgungswahn. Religiöse Wahnvorstellungen zur eigenen Person (Berufungswahn) können vorkommen. Gewalttätige Tendenzen kommen ebenso vor wie Vernachlässigung der Nahrungsaufnahme und Verwahrlosung.

Behandlung manischer Phasen

Wird ein Maniker behandelt, so erfolgt das hauptsächlich mit Neuroleptika zur Dämpfung der Erregung und der psychotischen Symptome. Beruhigungsmittel wie Benzodiazepine wirken hier paradox und sind daher kontraindiziert. Sie reduzieren bei Manikern das Schlafbedürfnis zusätzlich und verstärken die produktive Symptomatik. Zur Rückfallvorbeugung wird Lithium gegeben.

Bipolare Störungen

Monopolar und bipolar
Bisher haben wir affektive Störungen entweder als Manie oder als Depression kennen gelernt. Mehr als 30 Prozent der Patienten mit affektiven Störungen erleben jedoch beides, depressive Phasen und manische Phasen im Wechsel. Diese beidseitige Ausrichtung nennt man bipolare Störung, während einseitige Affektausrichtungen monopolar oder unipolar genannt werden. Depressive Phasen können schleichend oder plötzlich beginnen, manische Phasen beginnen immer plötzlich. Bei unipolaren Depressionen muss man mit 4, bei bipolaren Störungen mit 6 Episoden im Lauf eines Lebens rechnen. Die Dauer unbehandelter manischer und depressiver Episoden beträgt vier bis zwölf Monate. In der Regel kommt es zur Vollremission (vollständige Rückbildung).

Verlaufsformen bipolarer Störungen
Die gesundheitliche Prognose ist relativ günstig. Nach den Episoden kommt es normalerweise zur vollständigen Remission. Zu erwähnen bleiben jedoch das hohe Suizidrisiko während depressiver Episoden und die langfristigen Auswirkungen auf das soziale Umfeld aufgrund von finanziellen Fehlplanungen, Behandlungsabbrüchen und episodischem Alkoholmissbrauch. In der Abbildung (nächste Seite) sind die verschiedenen Verlaufsformen affektiver Störungen graphisch dargestellt. Die waagerechte Linie zeigt jeweils den ausgeglichenen Zustand an. Abweichungen nach oben bezeichnen manische Episoden, Abweichungen nach unten bezeichnen depressive Episoden.

Zyklothymia
Die Zyklothymia bezeichnet eine im frühen Erwachsenenalter einsetzende, dauerhafte Instabilität der Stimmung mit zahlreichen Perioden leichter Depression und leicht gehobener Stimmung. Zu unterscheiden hiervon ist der frühere Begriff der Zyklothymie, der synonym für manisch-depressive, bipolare Affektpsychose benutzt wurde.

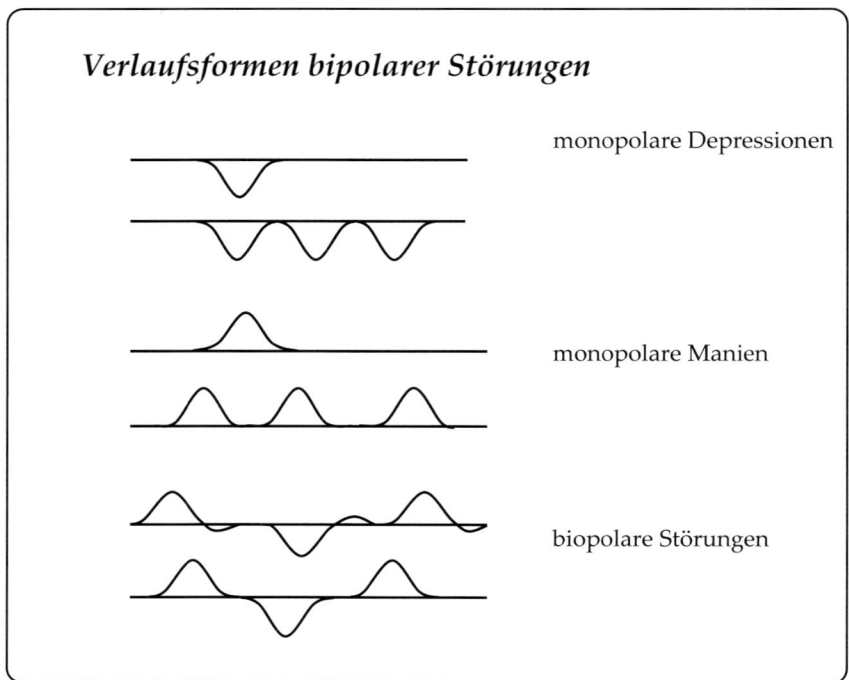

Verlaufsformen bipolarer Störungen

monopolare Depressionen

monopolare Manien

biopolare Störungen

Gelegentlich können depressive und manische Symptome gleichzeitig auftreten (gemischte Episoden).

Rückfallvorbeugung
Zur Rezidivprophylaxe (Rückfallvorbeugung) affektiver und schizoaffektiver Psychosen werden so genannte Phasenprophylaktika, meist Lithiumpräparate verordnet.

Wirkungen

- *hemmen erneuten Ausbruch psychotischer Episoden bei affektiven, schizoaffektive Psychosen*

Nebenwirkungen (Lithium)

- *leichtes (ungefährliches) Zittern (zu behandeln mit Betablockern)*
- *Appetit- und Gewichtszunahme bei 20% aller Patienten (zu behandeln mit Diät)*

Wahnstörungen

Wahn ist ein deutliches Signal für das Bestehen einer Schizophrenie. Es gibt jedoch Wahnstörungen, die nicht direkt zur Schizophrenie gehören und auch nicht als Schizophrenie diagnostiziert werden, weil Wahn die einzige prägnante Symptomatik ist. Um diese Störungen geht es hier. Achten Sie in Ihrer Prüfung, vor allem im mündlichen Teil darauf, Wahn nicht vorschnell auf Schizophrenie zurück zu führen. Eine wahnhafte Störung liegt vor, wenn der Wahn die wesentliche Symptomatik darstellt, wobei die sonstigen Symptome einer Schizophrenie oder einer affektiven Psychose fehlen. Diese Störungen entstehen wahrscheinlich auf dem Boden einer auffälligen Persönlichkeitsstruktur im Zusammenhang mit Belastungsfaktoren wie soziale Isolierung, Milieuwechsel oder schwere Konflikte. Wahnhafte Störungen werden auch als Wahnerkrankung oder Wahnentwicklung bezeichnet.

Beispiele für wahnhafte Störungen

- *Paranoia: Beziehungs-, Verfolgungswahn ohne bizarren Charakter und ohne weitere schizophrene Symptome*
- *Eigengeruchsparanoia: eingebildete Wahrnehmung eines unangenehmen Eigengeruchs*
- *Kontaktmangelparanoia: Überzeugung, im sozialen Kontakt nicht mehr gemocht zu werden*
- *Dysmorphophobie: Gefühl, aufgrund eines eingebildeten oder tatsächlichen Körperfehlers abgelehnt zu werden.*
- *Induzierte wahnhafte Störung (Folie-à-deux): die Wahnvorstellung des Primärkranken, der meist an Schizophrenie leidet, wird vom Lebenspartner kritiklos (aber mit subjektiver Überzeugung) übernommen wird.*

Angststörungen

Klassifikation

Die ICD-10 unterscheidet zwei Gruppen von Angststörungen: kontextabhängige (Phobien, F40) und kontextunabhängige (Panikstörung und generalisierte Angststörung, F41).

Phobien (kontextabhängige Ängste)

Bei Phobien bezieht sich die Angst auf beschreibbare Angstauslöser. Das können Personen, Tiere, Dinge oder Situationen sein. Phobische Ängste werden in den meisten Fällen auch als Angst erlebt und vom Klienten freiwillig angegeben. Das bedeutet nicht automatisch, dass auch Therapiebereitschaft besteht. In vielen Fällen ist ein Vermeidungsverhalten möglich und tatsächlich ausreichend.

Typische Phobien

- *Agoraphobie: freie Plätze, Menschenmengen*
- *Soziale Phobie: wenn die eigene Person im Mittelpunkt steht*
- *Akrophobie: Höhenangst*
- *Aviophobie: Flugangst*

Panikstörung

Von Panik spricht man bei ohne sichtbaren Anlass auftretender Angst, die meist anfallsweise auftritt und mit ausgeprägten körperlichen Symptomen verbunden ist (Panikattacke). Hier gibt es keine erkennbaren oder vom Klienten beschreibbaren konkreten Angstauslöser. Die Symptome variieren von Person zu Person, typisch sind Herzklopfen, Brustschmerzen, Erstickungsgefühl, Schwindel, Entfremdungsgefühl, die Furcht zu sterben, Furcht vor Kontrollverlust oder wahnsinnig zu werden. Die Attacke dauert in der Regel 10 bis 30 Minuten, kann jedoch auch mehrere Stunden anhalten. Regelmäßige Folgen sind die Erwartungsangst, die so genannte Phobophobie, und sozialer Rückzug. Die Panikstörung wird auch episodisch paroxysmale Angst genannt.

Generalisierte Angststörung

Hierbei handelt es sich um eine grundlegende, lang anhaltende Angst, die mindestens über mehrere Wochen, häufiger über Monate oder Jahre geht. Die Angst ist praktisch ständig vorhanden, z. B. als unbegründete Geldsorgen oder übertriebene Angst um die Sicherheit des Kindes. Die hier beschriebene Störung kommt der früher diagnostizierten Angstneurose am nächsten. Frauen erkranken etwas häufig als Männer.

Herzangstneurose

Die Herzangstneurose (Herzphobie) gibt es in der ICD-10 nicht mehr und kann daher nach diesem Klassifikationssystem auch nicht mehr diagnostiziert werden. Diese Störung ist durch die ständige Sorge um eine vermeintliche Herzstörung geprägt, wobei jedes Zwicken im Brustraum als Anzeichen des drohenden Infarktes oder Herztodes gedeutet wird und Panik auslöst. Betroffene erleiden nicht häufiger einen tatsächlichen Herzinfarkt als andere Menschen.

Pharmakologische Therapie

Bei der medikamentösen Behandlung werden Antidepressiva, Benzodiazepine und teilweise Betablocker eingesetzt.

Wirkungen und Nebenwirkungen der Benzodiazepine

Wirkungen

- *emotional harmonisierend*
- *beruhigend und entspannend bis Schlaf anstoßend*
- *Angst lösend*

Nebenwirkungen

- *keine Nebenwirkungen bei Überdosierung*
- *hohes Abhängigkeitspotenzial*

Bei der Verabreichung von Benzodiazepinen sind keine Voruntersuchungen und keine Laborbestimmungen notwendig. Es gibt keine Indikation für dauerhaften Einsatz!

Zwangsstörungen

Klassifikation

Unter Zwang versteht man Vorstellungen, Handlungsimpulse und Handlungen, die sich einem Menschen aufdrängen und gegen deren Auftreten er sich vergebens wehrt. *ICD-10: F42*

Symptomatik

Typische Symptome von Zwangsstörungen sind Gedankeninhalte oder Handlungen, die sich stereotyp wiederholen, sich aufdrängen, als sinnlos oder gar widersinnig erlebt werden und nicht durch Ablenkung oder ähnliche Strategien vermieden werden können.

Diagnostische Kriterien der Zwangsstörung

- *Der Klient erkennt sie als eigene Gedanken (Meinhaftigkeit).*
- *Mindestens einem Gedanken wird noch, wenn auch erfolglos, Widerstand geleistet*
- *Das Ausführen der Zwänge wird nicht als deutlich und nachhaltig angenehm empfunden*
- *Die Zwänge wiederholen sich in unangenehmer Art und Weise*

Zwangsgedanken

Hierbei handelt es sich um zwanghaft sich immer wieder aufdrängende, jedoch als unsinnig erkannte Denkinhalte. Die Meinhaftigkeit bleibt erhalten.

Häufige Zwangsgedanken

- *Angst, sich im Kontakt mit anderen oder Objekten zu beschmutzen*
- *unlösbare Zweifel, bestimmte Dinge getan oder unterlassen zu haben*
- *Angst um Gefährdung der eigenen Gesundheit*
- *Streben nach Symmetrie*

Zwangsimpulse

Sie liegen dann vor, wenn Impulse sich aufdrängen und gegen den Willen durchsetzen wollen, was aber gewöhnlich gerade noch vermieden werden kann.

Beispiele für Zwangsimpulse

- *Impuls, eine Aggression gegen andere zu begehen*
- *sexuelle Impulse*
- *autoaggressive Impulse (z. B. von einer Brücke springen)*

Zwangshandlungen

Zwanghaft gegen den Willen ausgeführte Handlungen werden Zwangshandlungen genannt. Beim Versuch, die Handlung zu unterlassen, tritt massive innere Anspannung und Angst auf.

Beispiele für Zwangshandlungen

- *Kontrollzwang (Ist der Herd ausgeschaltet?)*
- *Waschzwang (ständiges Händewaschen)*
- *zwanghaftes Nachfragen*
- *Zählzwang (Treppenstufen, Fliesen, Tapetenbahnen)*

Therapie

Pharmakologisch wird mit serotonergen Antidepressiva therapiert. Der Therapieerfolg besteht in einer besseren Kontrolle der Zwänge. Psychotherapeutisch wird vor allem mit Verhaltenstherapie behandelt.

Verlaufsprognose

Unbehandelte Zwangserkrankungen verlaufen normalerweise chronisch mit schwankender Intensität. Zwangsphänomene neigen dazu, sich auszubreiten und schrittweise immer größeren Platz im Leben der betroffenen Person einzunehmen. Häufige Folgen sind sozialer Rückzug und Isolierung. Durch zunehmenden Zeitanspruch für das Ausführen der Rituale werden Alltagsaktivitäten oft vernachlässigt; es kann zu Verwahrlosung kommen.

Belastungsreaktionen

Klassifikation
Gehen Reaktionen auf belastende Lebensereignisse nach Art und Umfang deutlich über das nach allgemeiner Lebenserfahrung zu Erwartende hinaus und werden dabei die affektive Situation, die Leistungsfähigkeit und die sozialen Beziehungen beeinträchtigt, so liegt eine Belastungs- oder Anpassungsstörung vor. *ICD-10: F43*

Ursachen und Entstehung
Als Grundsatz kann folgende Regel angesehen werden: Je schwerer die ursprüngliche Belastung, umso häufiger kommt es zu reaktiven Störungen und umso stärker wird die Störung ausgeprägt sein.

Faktoren, die die Wahrscheinlichkeit des Auftretens einer pathologischen Reaktion erhöhen

- *organische Störungen*
- *auffällige Persönlichkeitszüge (asthenische, ängstliche, emotional instabile)*
- *neurotische Verhaltensauffälligkeiten*
- *extreme Erschöpfung*

Faktoren, die die Wahrscheinlichkeit des Auftretens vermindern

- *Bewältigungsstrategien (Coping-Strategien)*
- *ein stabiles soziales Netzwerk im Umfeld des Betroffenen*

Aus psychoanalytischer Sicht kann die aktuelle Symptombildung als Regression verstanden werden. Bei der Genese der Störung muss berücksichtigt werden, dass ein sekundärer Krankheitsgewinn zur Aufrechterhaltung der Symptomatik beitragen könnte (z.B. finanzielle Entschädigung).

Akute Belastungsreaktion
- *anfänglicher Zustand der "Betäubung"*
- *Bewusstseinseinengung, Desorientiertheit*

- *affektive und vegetative Symptome*
- *klingt in der Regel innerhalb von Stunden ab*
- *Auslöser: Naturkatastrophe, Krieg, Verbrechen, Unfall, Mobbing, Tod mehrerer Angehöriger, Einschnitte im sozialen Beziehungsnetz*

Posttraumatische Belastungsstörung

- *folgt mit Verzögerung auf schwere Naturkatastrophen, Kampfhandlungen, Terroranschläge*
- *folgt dem Trauma mit einer Latenz von Wochen bis Monaten, in seltenen Fällen nach über sechs Monaten*
- *Flashbacks, Albträume, sozialer Rückzug*
- *Teilnahmslosigkeit, Verlust der Lebensfreude*
- *Vigilanzsteigerung, Schreckhaftigkeit*

Anpassungsstörungen

- *tritt innerhalb von einem bis drei Monaten nach Belastungssituation auf*
- *hält selten länger als sechs Monate*
- *depressive Verstimmung, Angst, Besorgnis, Einschränkungen der täglichen Routine*
- *bei Jugendlichen teilweise Sozialverhaltenstörungen*
- *bei Kindern Regressionsphänomene*

Therapie

Pharmakologisch können Serotonin-Wiederaufnahmehemmer und Antidepressiva verabreicht werden. Psychotherapeutisch kommen Gesprächstherapie und Verhaltenstherapie zum Einsatz.

Verlaufsprognose

Die akute Belastungsreaktion klingt nach spätestens drei Tagen ab. Posttraumatische Belastungsstörungen dauern bis zu mehreren Monaten an, Anpassungsstörungen selten länger als sechs Monate und die andauernde Persönlichkeitsänderung dauert mindestens zwei Jahre.

Dissoziative Störungen

Klassifikation
Bei den dissoziativen Störungen (Konversionsstörungen) handelt es sich um Erkrankungen, bei denen es zu einer teilweisen oder vollständigen Entkopplung von seelischen und körperlichen Funktionen (Dissoziation) kommt. *ICD-10: F44*

Ursachen
Im Vordergrund der Erklärungsversuche stehen psychoanalytische Theorien, die davon ausgehen, dass innerseelische Konflikte in Körpersprache übersetzt werden.

Dissoziative (psychogene) Amnesie
Hierbei handelt es sich um die plötzliche Unfähigkeit, sich an meist kurz zurück liegende Ereignisse oder persönliche Daten zu erinnern. Meist ist die Erinnerungslücke unvollständig und beschränkt auf bestimmte Inhalte (selektive Amnesie) oder auf einen umschriebenen Zeitabschnitt (lokalisierte Amnesie), z. B. Trauerereignisse, Unfälle.

Dissoziative (psychogene) Fugue
Bei dieser Störung handelt es sich um ein plötzliches, unerwartetes Weggehen von zu Hause oder aus der gewohnten Umgebung, verbunden mit der Annahme einer neuen Identität und der Unfähigkeit, sich an die alte Identität zu erinnern.

Dissoziativer (psychogener) Stupor
Dieser Zustand ist gekennzeichnet durch eine massive Verringerung oder das vollständige Fehlen willkürlicher Bewegungen und normaler Reaktionen auf äußere Reize.

Trance und Besessenheitszustände
Solche Zustände sind durch Fokussierung auf bestimmte Wahrnehmungsausschnitte und teilweise Verlust der eigenen Identität gekennzeichnet. Es scheint, als würden die Betroffenen von einem Geist, einer Gottheit oder einer mystischen Kraft beherrscht.

Dissoziative Störungen der Bewegung oder Sinnesempfindungen
Bei dieser Störungsform zeigen die Betroffenen den Verlust oder eine Veränderung von Empfindungen oder von Bewegungsfunktionen.

Das Ganser-Syndrom
Diese Störung ist von einem typischen "Vorbeiantworten" gekennzeichnet. Dabei verhalten sich Betroffene so, wie sich Laien oft psychisch Kranke vorstellen. Auf einfache Fragen werden falsche Antworten gegeben: *Welche Farbe hat die Sonne? Blau!*

Die multiple Persönlichkeit (dissoziative Identitätsstörung)
Kennzeichen ist hier das Vorhandensein von zwei oder mehr Persönlichkeiten bei einem Individuum. Jede Persönlichkeit hat ihre eigenen Erinnerungen, Vorlieben und Verhaltensweisen. Meist ist eine davon dominant.

Diagnose
Bei der Diagnosestellung ist zu beachten, dass im Rahmen von dissoziativen Störungen praktisch jede Form einer organischen Erkrankung imitiert werden kann.

Wichtige Differenzialdiagnosen

- *organische Erkrankungen, Intoxikationen*
- *psychosomatische Störungen*
- *somatoforme Störungen*
- *Anfallsleiden*

Behandlungsmöglichkeiten
In verhaltenstherapeutischen Verfahren geht es um Veränderung der kognitiven Überzeugung zur Symptombildung, in psychodynamischen Therapiesettings geht es um die Auseinandersetzung mit zugrunde liegenden Konflikten. Die Therapiebereitschaft ist oft schwierig herzustellen, da viele die dissoziativen Ausfälle ruhig annehmen und alle sonstigen Konflikte ignorieren. Typisch sind ein meist abrupter Beginn sowie ein plötzliches Ende.

Somatoforme Störungen

Klassifikation
Hauptmerkmal der somatoformen Störungen ist ein anhaltendes oder wiederholtes Auftreten von körperlichen Symptomen, für die keine ausreichenden organischen Befunde nachweisbar sind.
ICD-10: F45

Ursachen
Nach psychoanalytischen Modellen liegt eine Übersetzung unbewusster Konflikte in Körpersprache zugrunde. Aus lerntheoretischer Sicht spielt ein erlernter, sich immer wieder verstärkender Kreislauf eine entscheidende Rolle.

Zur Unterscheidung von dissoziativen, somatoformen und psychosomatischen Störungen

Dissoziative Störungen

- *Erinnerung, Identität, Denken, Bewegungskontrolle*
- *keine körperlichen Ursachen oder Defizite*
- *erhebliche Symptomschwankungen*

Somatoforme Störungen

- *diffuse körperliche Beschwerden oder Schmerzen*
- *kein ausreichender Befund*
- *relativ stabile Symptomatik*

Psychosomatische Krankheiten

- *körperliche Krankheiten mit eindeutigem Symptombild*
- *klarer Befund und eindeutige Symptomatik*
- *seelische Ursachen ganz im Vordergrund*

Somatisierungsstörung
Kennzeichen dieser Störung sind Körpersymptome, die umfangreiche diagnostische und therapeutische Maßnahmen bewirken, obwohl keine körperliche Erklärung gefunden wird.

Undifferenzierte Somatisierungsstörung

Liegen weniger komplexe Beschwerden vor und sind familiäre und soziale Funktionen weitgehend unbeeinträchtigt, so spricht man von undifferenzierten Somatisierungsstörungen.

Hypochondrische Störung

Wesentlich ist die übermäßige gedankliche Beschäftigung mit der vermeintlichen Organstörung. Betroffene glauben, an einer schweren Krankheit zu leiden und deuten nicht krankhafte Körpersignale (z. B. ein Zwicken) als Anzeichen der Krankheit.

Somatoforme autonome Funktionsstörung

Bei dieser Form beziehen sich die geschilderten Beschwerden auf einen ganz bestimmten Körperteil oder ein bestimmtes Organ, beispielsweise den Magen-Darm-Trakt oder das Herz.

Anhaltende somatoforme Schmerzstörung

Hierbei handelt es sich um ein chronisches Syndrom von mehrjähriger Dauer mit schweren, quälenden Schmerzen, die durch organische Prozesse nicht vollständig erklärt werden können.

Behandlung

Die Verhaltenstherapie ist das bedeutendste Verfahren. Sie zielt darauf ab, den Klienten für kognitive Schemata zu sensibilisieren, Vermeidungsstrategien zu reduzieren und alternative Lösungsstrategien aufzubauen.

Verlaufsprognose

In der Regel ist mit einem längerfristigen Krankheitsverlauf zu rechnen. Die Prognose der hypochondrischen Störung ist unterschiedlich, häufig verläuft sie chronisch; bei einigen Patienten klingt sie spontan ab. Wichtig ist das frühe Erkennen komorbider Störungen. Die Somatisierungsstörung und die somatoforme Schmerzstörung sind meist chronisch verlaufende Beschwerdebilder mit fluktuierender Symptomatik. Abhängigkeit und Missbrauch von Medikamenten werden häufig beobachtet.

Essstörungen

Klassifikation

Essstörungen sind durch intensive Furcht vor dem Dickwerden, verändertes Essverhalten sowie eine Störung der Körperwahrnehmung charakterisiert. Das gemeinsame Kernsymptom der ist die Körperschemastörung. *ICD-10: F50*

Ursachen

Es besteht ein komplexes Zusammenspiel von prädisponierenden (angeborenen, genetischen) Faktoren, Familienkonflikten und gesellschaftlichen Entwicklungen (Schönheitsideale).

Anorexia nervosa (Magersucht)

- *restriktives Diäthalten bis zur völligen Nahrungsverweigerung*
- *extreme Gewichtsabnahme*
- *Heißhungerattacken können auftreten!*
- *Amenorrhö, (Ausbleiben der Regelblutung)*
- *Bradykardie, Haarausfall, Ödeme*
- *Osteomalazie, Osteoporose*

Bulimia nervosa (Ess-Brech-Sucht)

- *wiederkehrende Heißhungerattacken*
- *selbst herbeigeführtes Erbrechen*
- *einigermaßen normales Körpergewicht*
- *teilweise sogar leichtes Übergewicht*

Auch wenn die Symptomatik beider Störungen unterschiedlich ist, gibt es doch Kombinationen und Übergänge beider Formen. Eine Anorexie schließt daher eine Bulimie nicht aus!

Diagnose

Die Diagnose wird klinisch gestellt. Der Body-Mass-Index (BMI) stellt ein Maß für das Ausmaß an Über- oder Untergewicht dar. Ein BMI kleiner als 17,5 Kg/m² ist in Kombination mit den übrigen Kriterien ein Indiz für das Vorliegen einer Anorexie. Bei einem

BMI größer als 30 wird vom Vorliegen einer Adipositas (Fettsucht) ausgegangen.

Der Body-Mass-Index (BMI)

$$BMI = \frac{Körpergewicht}{Quadrat\ der\ Körpergröße\ [m^2]}$$

BMI < 17,5 Kg/m^2: Verdacht auf Anorexie
BMI > 30,0 Kg/m^2: Vorliegen einer Adipositas

Wichtige Differenzialdiagnosen

- *organische Ursachen (Tumor, Stoffwechselstörungen)*
- *neurologische Erkrankungen (z. B. bestimmte Epilepsieformen)*
- *vorübergehende Reaktionen nach Unfall oder Operation*
- *schizophrene Psychosen, affektive Störungen*
- *Zwangserkrankungen*

Stationäre Therapie der Anorexie

Häufig muss stationäre Behandlung erfolgen, vor allem bei Gewichtsverlust von mehr als 75 Prozent des Normalgewichtes (Anorexie), bedrohlichen körperlichen Folgeerscheinungen (Elektrolytverschiebungen, Bradykardie), bei depressiver Verstimmung und Suizidgefahr.

Stufenprinzip der stationären Anorexietherapie

1. Phase: Anhebung des Körpergewichtes (evt. Magensonde, Ausschluss der Familie)
2. Phase: Fremdsteuerung der Nahrungsaufnahme (Essensplan, Einbeziehen der Familie, Psychotherapie)
3. Phase: Selbststeuerung der Nahrungsaufnahme (Psychotherapie)
4. Phase: Vorbereitung auf die Entlassung (Schwerpunkt Familientherapie, Integration in alle Lebensbereiche)

Sexuelle Störungen

Klassifikation
Unter sexuellen Störungen werden alle Störungszustände verstanden, die in erster Linie Auswirkungen im Bereich des sexuellen Verhaltens haben. *ICD-10: F52, F64, F65*

Gesund oder krank?
Bei sexuellen Störungen zeigen sich direkte Beziehungen zwischen seelischen und körperlichen Funktionen besonders deutlich. Aufgrund großer individueller Unterschiede im Bereich der Sexualität fällt eine Abgrenzung zwischen gestörtem und ungestörtem Verhalten schwer.

Ursachen und Entstehung
Heute ist bekannt, dass auch im Säuglings- und Kindesalter sexuelle Faktoren eine Rolle spielen. Störungen der sexuellen Funktionen können grundsätzlich in jedem Stadium der sexuellen Entwicklung auftreten und jede Phase der sexuellen Erregung betreffen.

Faktoren und Aspekte sexueller Störungen

- *Partnerschaftsprobleme*
- *Einstellung zu Sexualität und Partnerschaft*
- *Angst vor Strafe, Akzeptanz der eigenen Geschlechtsrolle*
- *unzureichende Information über sexuelle Abläufe*
- *Angst, Leistungsdruck, Erwartungsspannung*
- *ungünstige äußere Faktoren (z. B. Angst vor Schwangerschaft)*

Formen sexueller Störungen

- *Störungen der sexuellen Appetenz (Verlangen)*
- *Störungen der sexuellen Erregung*
- *Orgasmusstörungen*
- *Störungen mit sexuell bedingten Schmerzen*
- *Transsexualität*
- *Transvestitismus*
- *Fetischismus*
- *Exhibitionismus*

- *Voyeurismus*
- *Pädophilie*
- *Sadomasochismus*
- *Frotteurismus (Lustgewinn durch unauffälliges Reiben an anderen)*
- *Nekrophilie (Erregung durch Leichen)*

Diagnose und Differenzialdiagnose

Zur Diagnosestellung ist eine sorgsame Sexualanamnese erforderlich. Die Diagnose einer Paraphilie soll nur gestellt werden, wenn die betreffende Person nach ihren Impulsen handelt oder - wenn sie nicht danach handelt - sehr darunter leidet. Sexuelle Störungen können zahlreiche körperliche Ursachen haben, außerdem können sie Begleiterscheinung praktisch jeder anderen psychischen Störung sein.

Wichtige Kriterien der Anamnese bei Sexualstörungen

- *frühkindliche sexuelle Betätigung*
- *Masturbation*
- *erster Geschlechtsverkehr*
- *Typ des gewählten Partners*
- *Leichtigkeit der Aufnahme sexueller Kontakte*
- *sexuelle Ausrichtung*
- *aktuelle sexuelle Erfahrung*
- *Analyse der Partnerbeziehung*

Behandlungsmöglichkeiten

Bei Erektionsstörungen kann eine medikamentöse Behandlung mit Sildenafil (Viagra) oder eine Behandlung mit Schwellkörperautoinjektion vorgenommen werden. Bei Paraphilien kann mit Antiandrogenen (Trieb dämpfende Mittel) behandelt werden. Seitens der Psychotherapie wird hauptsächlich mit verhaltenstherapeutischen Maßnahmen gearbeitet.

Schlafstörungen

Klassifikation

Sind Dauer, Qualität oder Zeitpunkt des Schlafs gestört, so liegt ein Störungsbild vor, das zu den Dyssomnien gehört. Liegen abnorme Episoden mit meist vegetativen Begleitsymptomen vor, so spricht man von Parasomnien. Die meisten Schlafstörungen gehören zu den Dyssomnien. *ICD-10: F51*

Das Wesen des Schlafs

Schlaf ist ein aktiver Erholungsvorgang der Stoffwechselvorgänge im Gehirn. Er ist gekennzeichnet durch Bewusstseinsminderung bei jederzeitiger Weckbarkeit.

Die Stadien des gesunden Schlafes

(1) Einschlafen
(2) Leichtschlaf
(3) mitteltiefer Schlaf
(4) Tiefschlaf
(5) paradoxer Schlaf (REM)

Die Insomnie, an der 15-30 % der Bevölkerung in behandlungsbedürftiger Art und Weise leiden, ist der häufigste Fall.

Ursachen und Entstehung

Die möglichen Ursachen sind äußerst vielfältig und reichen von situativen Faktoren über psychiatrische und neurologische Erkrankungen bis zu internistischen und anderen organischen Ursachen einschließlich pharmakogener Auslösung.

Exploration der 5 P's

- *physikalisch (Umgebung, Zeitverschiebung, Jet lag)*
- *physiologisch (Schmerzen, restless leg)*
- *psychologisch (Ärger, Aufregung)*
- *psychiatrisch (Psychose)*
- *pharmakologisch (Alkohol, Drogen, Medikamente)*

Insomnie

Die Insomnie ist durch Einschlaf- und Durchschlafstörungen gekennzeichnet. Betroffene klagen auch über morgendliches Früherwachen.

Hypersomnie

Diese Störung äußert sich als exzessive Schläfrigkeit am Tage mit Schlafanfällen, die nicht durch unzureichenden Schlaf erklärbar sind.

Störungen des Schlaf-wach-Rhythmus

Hier führt die Umkehr des Nacht-Tag-Rhythmus zu Schlaflosigkeit in der Schlafperiode und Hypersomnie in der Wachperiode.

Schlafwandeln

Beim Schlafwandeln verlässt der Betroffene das Bett, geht umher und verlässt das Schlafzimmer, eventuell auch das Haus. Meist besteht keine Erinnerung an das Schlafwandeln.

Pavor nocturnus

Beim Pavor nocturnus treten meist im ersten Drittel des Nachtschlafes massive Furcht und Panik mit heftigen Schreien und starker vegetativer Erregung auf. Nach dem Erwachen besteht für das Ereignis völlige oder teilweise Amnesie.

Diagnose

Schlaffragebögen und Schlaftagebücher haben sich bewährt. Zusätzlich gibt es die Möglichkeit einer polysomnographischen Untersuchung in einem Schlaflabor, um Ablauf und Struktur des Schlafes zu objektivieren.

Wichtige Punkte der schlafbezogenen Exploration

- *Art der Störung*
- *Dauer, Verlauf und Rhythmus*
- *Schlafverhalten und beeinflussende Faktoren*
- *Umgebungseinflüsse, Vorbehandlung*
- *Symptomatik während der Schlafperiode*
- *Tagesbefindlichkeit*

Persönlichkeitsstörungen

Klassifikation

Unter Persönlichkeitsstörungen versteht man tief verwurzelte, anhaltende und weitgehend stabile Verhaltensmuster, die sich in starren Reaktionen auf unterschiedliche persönliche und soziale Lebenslagen zeigen. *ICD-10: F60*

Ursachen und Entstehung

Aus psychodynamischer Sicht spielen Störungen früher Entwicklungsstufen eine bedeutende Rolle. Störungen in der oralen Phase führen zu forderndem und abhängigem Verhalten, Störungen in der analen Phase bewirken zwanghaftes und rigides Verhalten, Störungen in der phallischen Phase führen zu oberflächlichen Emotionen und Unfähigkeit zu intimen Beziehungen. Aus lerntheoretischer Sicht sind Persönlichkeitsstörungen Folge von Lernprozessen in Form operanten Konditionierens. Die Verhaltensmodifikation erfolgt also über Verstärkungsprozesse und über Modelllernen.

Diagnose und Differenzialdiagnose

Zur Erfassung und Beurteilung von Persönlichkeiten gibt es verschiedene Testverfahren.

Testverfahren zu Persönlichkeitsstörungen

- *Freiburger Persönlichkeits-Inventar*
- *Minnesota Multiphasic Personality Inventory (MMPI)*
- *16-Persönlichkeitsfaktoren-Test (16 PF)*
- *Münchner Persönlichkeits-Test (MPT)*
- *Eysenck-Persönlichkeitsinventar (EPI)*

Kombiniert mit den genannten Verfahren können projektive Testverfahren eingesetzt werden, z. B. der Formdeuteversuch nach Rorschach. In freier Assoziation zu ungeformten Bildern (Kleckse) sollen Persönlichkeitszüge, Einstellungen und Konflikte sichtbar werden.

Allgemeine diagnostische Leitlinien zur Feststellung einer Persönlichkeitsstörung gem. ICD-10

Die Zustandsbilder dürfen nicht auf eine Hirnschädigung oder eine andere körperliche Krankheit und nicht auf eine andere psychiatrische Störung zurückzuführen sein und müssen gleichzeitig folgende Kriterien erfüllen:

1. *Deutliche Unausgeglichenheit in den Einstellungen und im Verhalten in mehreren Funktionsbereichen (Affektivität, Antrieb, Impulskontrolle, Wahrnehmen, Denken)*
2. *Das Verhaltensmuster ist andauernd und gleichförmig*
3. *Das Verhaltensmuster ist tief greifend und in vielen Situationen unpassend*
4. *Die Störungen beginnen immer in der Kindheit oder Jugend und manifestieren sich auf Dauer im Erwachsenenalter*
5. *Die Störungen führen zu subjektivem Leiden, manchmal jedoch erst im späteren Verlauf*
6. *Die Störungen sind meistens mit Einschränkungen der beruflichen und sozialen Leistungsfähigkeit verbunden*

Die paranoide Persönlichkeit in der ICD-10

1. *Übertriebene Empfindlichkeit bei Rückschlägen und Zurücksetzungen*
2. *Neigung zu ständigem Groll, Weigerung, Beleidigungen, Verletzungen oder Missachtungen zu verzeihen*
3. *Misstrauen und eine starke Neigung, Erlebtes zu verdrehen, indem neutrale oder freundliche Handlungen als feindlich oder verächtlich missgedeutet werden*
4. *Streitsucht und Beharren auf eigenen Rechten*
5. *Misstrauen bzgl. der sexuellen Treue des Partners*
6. *erhöhtes Selbstwertgefühl, ständig Selbstbezogenheit*
7. *Verschwörungsgedanken für nahe und entfernte Ereignisse in aller Welt*

Schizoide Persönlichkeitsstörung

1. Wenige Tätigkeiten bereiten Freude
2. Emotional kühl, distanziert oder flache Affektivität
3. Geringe Fähigkeit, Gefühle anderen gegenüber auszudrücken
4. Scheinbare Gleichgültigkeit für Lob und Kritik
5. Wenig Interesse an sexuellen Erfahrungen
6. Einzelgänger
7. Übermäßige Phantasie
8. Mangel an engen Freunden (kein Interesse)
9. Deutlich mangelnde Sensibilität im Erkennen und Befolgen gesellschaftlicher Regeln

Dissoziale (antisoziale) Persönlichkeitsstörung

1. Herzloses Unbeteiligtsein gegenüber den Gefühlen anderer
2. Andauernde Verantwortungslosigkeit und Missachtung sozialer Normen, Regeln und Verpflichtungen
3. Unvermögen zur Beibehaltung längerfristiger Beziehungen, aber keine Schwierigkeiten, Beziehungen einzugehen!
4. Geringe Frustrationstoleranz, niedrige Schwelle für Aggressivität und Gewalt
5. Unfähigkeit zum Erleben von Schuldbewusstsein oder zum Lernen aus Erfahrung
6. Neigung, andere zu beschuldigen und vordergründige Rationalisierung für eigene Konfliktlagen

Die histrionische Persönlichkeit in der ICD-10

1. Theatralisches Verhalten, Dramatisierungen, übertriebener Gefühlsausdruck
2. Leichte Beeinflussbarkeit durch Personen oder Aktivitäten, Suggestibilität
3. Oberflächliche und labile Affektivität
4. Andauerndes Verlangen nach Anerkennung und Aufregung durch andere
5. Unangemessen (sexuelle) verführerisch
6. Übermäßiges Interesse an körperlicher Aktivität

Anankastische (zwanghafte) Persönlichkeitsstörung

1. Übermäßige Zweifel und Vorsicht
2. Ständiges Beschäftigen mit Listen, Regeln, Ordnungen
3. Perfektionismus, der die Fertigstellung von Aufgaben behindert
4. Übermäßige Gewissenhaftigkeit, Skrupelhaftigkeit und Leistungsbezogenheit unter Vernachlässigung von Vergnügen im zwischenmenschlichen Bereich
5. Übermäßige Pedanterie, Befolgen von Konventionen
6. Rigidität und Eigensinn
7. Beharren auf die Unterordnung anderer unter die eigenen Vorstellungen und Gewohnheiten, Zögern beim Delegieren von Aufgaben
8. Andrängen beharrlicher und unerwünschter Gedanken und Impulse

Ängstliche (vermeidende) Persönlichkeitsstörung

1. Andauernde, umfassende Gefühle von Anspannung und Besorgtheit
2. Überzeugung, selbst sozial unbeholfen, unattraktiv und minderwertig im Vergleich zu anderen zu sein
3. Übertriebene Sorge, im sozialen Kontakt kritisiert oder abgelehnt zu werden
4. Einlassen auf persönliche Kontakte nur dann, wenn Sicherheit besteht, gemocht zu werden
5. Eingeschränkter Lebensstil wegen des Bedürfnisses nach körperlicher Sicherheit
6. Vermeidung von beruflichen Aktivitäten, die soziale Kontakte erfordern, aus Furcht vor Ablehnung und Missbilligung
7. Überempfindlichkeit gegenüber Ablehnung und Kritik

Abhängige (asthenische) Persönlichkeitsstörung

1. Die meisten Entscheidungen werden anderen überlassen
2. Unterordnung eigener Bedürfnisse unter die anderer Personen, unverhältnismäßige Nachgiebigkeit gegenüber Wünschen anderer
3. Mangelnde Äußerung angemessener eigener Ansprüche

4. *Übertriebene Angst vor dem Alleinsein mit Befürchtung, nicht selbst für sich sorgen zu können*
5. *Häufige Angst, verlassen zu werden und auf sich selbst angewiesen zu sein*
6. *Eingeschränkte Fähigkeit, Alltagsentscheidungen zu treffen ohne ein hohes Maß an Ratschlägen und Bestätigungen durch andere*
7. *Gefühle von Hilflosigkeit, Inkompetenz und mangelnder Leistungsfähigkeit*

Behandlung der Persönlichkeitsstörungen

Depressive Symptome und Angstsymptome können mit Antidepressiva behandelt werden. Anspannung und Aggression können ggf. mit Neuroleptika behandelt werden. Tiefenpsychologische und in den letzten Jahren spezielle verhaltenstherapeutische Ansätze kommen zur Anwendung.

Psychotherapeutische Ziele bei Persönlichkeitsstörungen

- *Verbesserung der psychosozialen Kompetenz*
- *Strukturierung des psychosozialen Umfeldes*
- *Bearbeitung dysfunktionaler Ziele und Verhaltensmuster*
- *Generalisierung des Gelernten im sozialen Umfeld*

Typisch für Persönlichkeitsstörungen sind der Beginn in der Kindheit oder Jugend sowie die Manifestation auf Dauer im Erwachsenenalter. Leistungseinbußen machen sich nicht immer frühzeitig bemerkbar. Im höheren Lebensalter nehmen in der Regel die Beeinträchtigungen und das Ausmaß der Störung ab. Ein häufiges Merkmal ist der Missbrauch psychotroper Substanzen. Etwa ein Drittel der Patienten hat einen günstigen, ein Drittel einen partiell günstigen und ein Drittel einen ungünstigen Langzeitverlauf.

Impulskontrollstörungen

Klassifikation

Das gemeinsame Merkmal der Impulskontrollstörungen ist das wiederholte, vollständige oder teilweise Versagen der willentlichen Beherrschung eines Wunsches oder Antriebes (Impulses). *ICD-10: F63*

Kleptomanie (pathologisches Stehlen)

Hierbei handelt es sich um den Impuls, Dinge zu stehlen, die nicht dem persönlichen Gebrauch oder der Bereicherung dienen. Der Betroffene kann dem Impuls nicht widerstehen, die Gegenstände werden häufig weggeworfen, weggegeben oder gehortet. Steigende Spannung vor der Handlung, ein Gefühl der Befriedigung während und sofort nach der Tat sowie Angst und Schuldgefühle zwischen den Handlungen werden regelmäßig von den betroffenen Personen berichtet.

Pyromanie (pathologische Brandstiftung)

Bei dieser Störung kommt es wiederholt vorsätzlich zum Legen von Feuern. Die Betroffenen sind in der Regel von Feuer und damit zusammenhängenden Situationen stark fasziniert. Das Feuerlegen ist mit einer intensiven Spannung oder Erregung und teilweise mit Vergnügen und Befriedigung verbunden, es handelt sich nicht um Wut, Rache oder Zielverfolgung!

Pathologisches Spielen (Spielsucht)

Hauptmerkmal ist die chronische Unfähigkeit, der Versuchung des Glücksspiels oder anderem Spielverhalten zu widerstehen, auch wenn dadurch persönliche, familiäre und berufliche Verpflichtungen geschädigt werden. Typische Folgen sind Verschuldung und strafbare Handlungen. Häufig finden sich gleichzeitig affektive Störungen.

Weitere Formen

Eine weitere Form der Impulskontrollstörungen ist die Trichotillomanie. Hierbei kommt es zu dem wiederholten Impuls, sich die

Haare an verschiedenen Körperstellen auszureißen. Die Störung beginnt üblicherweise in der Kindheit. Bei der intermittierenden explosiblen Störung kommt es zu Verlust der Kontrolle über aggressive Impulse.

Die Symptome treten innerhalb von Minuten oder Stunden auf und bilden sich in der Regel ebenso schnell wieder zurück. Die Poriomanie ist durch offensichtlich unbegründetes, zielloses und dranghaftes Weglaufen gekennzeichnet. Sie kommt häufig im Jugendalter vor. Die Internet-Sucht (Online-Sucht) weist Parallelen zum pathologischen Spielen auf.

Diagnose, Therapie und Verlauf

Grundlegende Symptome sind der Verlust der Impulskontrolle, die Schädlichkeit der Handlung, das Spannungsgefühl vor der Handlung, Vergnügen, Befriedigung oder Erleichterung während der Handlung und eventuell Selbstvorwürfe und Schuldgefühle nach der Handlung.

Wichtige Differenzialdiagnosen

- *Persönlichkeitsstörungen*
- *Suchterkrankungen*
- *Psychosen (manisches Syndrom)*
- *wahnhaft motiviertes Verhalten bei Pyromanie*

Die Therapie dieser Störungen erfolgt überwiegend psychotherapeutisch. Tiefenpsychologische und verhaltenstherapeutische Maßnahmen kommen zum Einsatz. Über die Erfolgsquote ist wenig bekannt. Die oft gravierenden Folgen des pathologischen Spielens werden soziotherapeutisch begleitet. Die Kleptomanie neigt zur Chronifizierung, pathologisches Spielen auch. Pyromanie wird meist durch juristische Sanktionen "unterbrochen". Die Folgen des pathologischen Spielens sind oft gravierend: Abhängigkeit, Suizidversuche, strafbare Handlungen.

Intelligenzminderung

Klassifikation

Bei der Intelligenzminderung handelt es sich um eine vom Kindesalter an bestehende, deutlich unterdurchschnittliche intellektuelle Leistungsfähigkeit unterschiedlicher Ätiologie. Synonyme Begriffe sind Minderbegabung, frühere Begriffe sind Schwachsinn und Oligophrenie. Von den älteren Begriffen wird nur noch Oligophrenie benutzt. *ICD-10: F7*

Symptomatik

Typische Symptome einer Oligophrenie sind Passivität, psychische Abhängigkeit, geringes Selbstwertgefühl, niedrige Frustrationstoleranz, mangelnde Impulskontrolle, Selbstverletzungen und Aggressivität. Die meisten Menschen mit Oligophrenie sind nicht psychiatrisch krank, sie besitzen jedoch ein höheres Erkrankungsrisiko; je geringer der IQ, desto höher das Risiko einer psychiatrischen Erkrankung. Etwa 5 % der Gesamtbevölkerung weist eine Intelligenzminderung auf. Die leichteren Formen (Debilität) machen ca. 3-4 % aus, die schwereren Formen nur etwa 1 %.

Grade der Intelligenzminderung

Früher unterschied man Debilität, Imbezilität, schwere geistige Behinderung und Idiotie als Schweregrade der Oligophrenie. Diese Begriffe sind aus heutiger Sicht vorbelastet und bewertend. Heute soll neutraler ausgedrückt werden, um welches Ausmaß an Einschränkungen es sich handelt, daher gibt es nur noch die Unterscheidung in leicht, mittelschwer/mittelgradig, schwer und schwerst.

Schweregrade der Intelligenzminderung

- *Leicht: IQ 50-69*
- *Mittelgradig: IQ 35-49*
- *Schwer: IQ 20-34*
- *Schwerst: IQ < 20*

Der IQ-Bereich von 70 bis 90 stellt eine Übergangszone dar, die im deutschen Sprachraum durch den Begriff der **Lernbehinderung** abgedeckt ist. Die angegebenen IQ-Werte sind nicht als starre Grenzen zu sehen. Es hängt auch davon ab, wie die betroffene Person mit ihren Einschränkungen umgeht und ob sie diese teilweise kompensieren kann. Nach dem Gesamtzustand wird eine Einschätzung getroffen.

Die Abgrenzung zur Demenz

Von Oligophrenie wird nur dann gesprochen, wenn die weitere Entwicklung und Reifung des Gehirns durch eine Beeinträchtigung gestört wird. Es wird also verhindert, dass ein erreichbares Niveau tatsächlich erreicht wird. Das ist immer dann der Fall, wenn Schädigungen bereits vor der Geburt auftreten oder während des Geburtsvorganges. Man spricht daher auch von pränataler (vorgeburtlicher) und perinataler (während der Geburt) Schädigung. Bei Demenzen wird ein bereits erreichtes intellektuelles Niveau durch körperliche Schädigungen im Nachhinein beeinträchtigt. In der Fachliteratur wird zur Unterscheidung von Oligophrenie und Demenz auch häufig von angeborener (hierzu gehört die perinatale Schädigung auch) und im Lebenslauf erworbener Intelligenzminderung gesprochen.

Ursachen für Intelligenzminderungen

- *Infektionen vor, während, nach der Geburt*
- *schwere körperliche Erkrankungen der Schwangeren*
- *Alkoholabhängigkeit der schwangeren Mutter*
- *Sauerstoffmangel während der Geburt*
- *Frühgeburt mit niedrigem Geburtsgewicht*
- *genetische Ursachen (die bekannteste ist die Trisomie 21)*

Die Einschätzung der Intelligenz erfolgt durch den klinischen Eindruck und spezielle Testverfahren (z. B. HAWIK-III, HAWIE-R, BGB-Testbatterie für geistig behinderte Kinder). Die Messeinheit ist der Intelligenzquotient (IQ); der durchschnittliche Wert beträgt meist 100, was einer altersgemäßen Intelligenz entspricht.

Entwicklungsstörungen

Klassifikation

Bei den umschriebenen Entwicklungsstörungen liegen einzelne Leistungsbereiche isoliert unter dem Niveau der sonstigen intellektuellen Fähigkeiten und haben somit nicht den Charakter einer allgemeinen Intelligenzminderung. Umschriebene Entwicklungsstörungen werden auch als Teilleistungsschwächen oder Teilleistungsstörungen bezeichnet. *ICD-10: F8*

Artikulationsstörungen

Solche Störungen liegen vor, wenn es bei normaler Intelligenz zu deutlichen Fehlern in der Lautbildung kommt, die unter Berücksichtigung des Entwicklungsalters außerhalb des Normbereiches liegen.

Expressive Sprachstörungen (expressive Dysphasie)

Liegt eine deutlich schlechtere Ausdrucksfähigkeit im Vergleich zur nicht-sprachlichen Intelligenz vor, so spricht man von einer expressiven Sprachstörung. Das Sprachverständnis ist weitgehend normal.

Rezeptive Sprachstörung

Handelt es sich um schlechtes Sprachverständnis im Vergleich zur nonverbalen Intelligenz, so liegt eine rezeptive Sprachstörung vor.

Erworbene Aphasie mit Epilepsie

Hierbei handelt es sich um eine Kombination von Aphasie (Wortbildungsstörung) mit zerebralen Krampfanfällen. Die prämorbide (vor dieser Erkrankung abgelaufene) Sprachentwicklung ist ungestört. Die allgemeine Intelligenz bleibt erhalten.

Stottern

Bei dieser Sprechstörung handelt es sich um Unterbrechungen des Redeflusses durch Verspannungen der Sprechmuskulatur und/ oder klonische Wiederholungen. Etwa 1 % aller Kinder zeigt dieses Symptom, Jungen sind 2 bis 20-mal häufiger betroffen. Symptomatisch zeigen sich häufige Wiederholungen von Lauten, Silben oder Wörtern (klonisches Stottern) und Dehnungen von Lauten, Silben oder Wörtern (tonisches Stottern).

Poltern

Bei dieser Störung ist der Redefluss durch die hohe Redegeschwindigkeit im Rhythmus gestört. Es kommt zur Verstümmelung von Lauten, die Verständlichkeit ist eingeschränkt, häufig fehlt eine klare Satzgliederung. Meistens besteht zusätzlich eine Sprachentwicklungsverzögerung. Im Gegensatz zu Stotterern können Polterer bei Aufforderung den Redefluss verbessern!

Die Lese-Rechtschreib-Störung (LRS)

Bei der Lese-Rechtschreib-Störung (LRS) handelt es sich um ein erschwertes Lesen, Lesenlernen sowie Schreiben mit häufigen Rechtschreibfehlern bei durchschnittlicher Intelligenz und sonst normalen Schulleistungen. Für die Lese-Rechtschreib-Störung werden auch die Begriffe Legasthenie und Dyslexie verwandt. Typische Auffälligkeiten beim Schreiben sind Buchstabenverwechslungen, Buchstabeninversionen (Drehungen), Silbenweglassen, Regelfehler.

Die Rechenstörung

Bei der Rechenstörung handelt es sich um eine deutlich geringere Rechenleistung im Vergleich zur sonstigen schulischen Leistungsfähigkeit mit Beeinträchtigung des schulischen Erfolges. Rechenstörungen werden auch als Dyskalkulie bezeichnet, die Unfähigkeit zu rechnen wird Akalkulie genannt. Es gibt keine zuverlässigen Daten, schätzungsweise 1 % aller Kinder sind betroffen. Es liegt deutlich unterdurchschnittliche Rechenleistung bei sonst normalem Leistungsprofil vor. Es treten vermehrt depressive Störungsbilder auf.

ADHS

Klassifikation

Als hyperkinetisch wird ein Kind bezeichnet, das neben einer ausgeprägten motorischen Hyperaktivität, erhöhte Erregbarkeit oder Irritierbarkeit, störendes Verhalten und inadäquate Aufmerksamkeit zeigt. Das hyperkinetische Syndrom (HKS) wird auch als hyperaktives oder hypermotorisches Syndrom oder attention deficit hyperactivity disorder (ADHD) bezeichnet. Im Alltagsprachgebrauch und in der klinischen Praxis wird auch von Aufmerksamkeits-Defizit-Hyperaktivitäts-Störung (ADHS) gesprochen oder von Aufmerksamkeitsdefizit-Störung (ADS), wenn die Hyperaktivität weniger ausgeprägt ist. *ICD-10: F90*

Symptomatik

Die HKS gehört zu den häufigsten kinder- und jugendpsychiatrischen Erkrankungen. Sie beginnt vor dem sechsten Lebensjahr, erreicht aber häufig erst nach der Einschulung eindeutig störende Ausmaße. Etwa 3 % aller Schulkinder sind betroffen, Jungen etwa 3-mal häufiger als Mädchen. Die Ursache bleibt oft unklar. Organische Ursachen sind möglicherweise diskrete (unauffällige) Hirnfunktionsstörungen oder genetische Faktoren. Ein Teil der HKS-Fälle wird möglicherweise durch Allergien gegen bestimmte Nahrungsmittel verursacht oder begünstigt.

> ### Die typische Symptomatik des ADHS
>
> - *Hypermotorik*
> - *Aufmerksamkeitsstörung*
> - *Affektstörung*

Die Symptomatik ist altersgebunden. Beim Kleinkind dominieren grobmotorische Aktivitäten (Rennen, Klettern), Schulkinder sind zappelig, im Jugendalter dominieren Impulsivität, Eigensinn, Stimmungslabilität und geringe Frustrationstoleranz. Außerdem besteht ein Hang zur Distanzlosigkeit und zum Eingehen von Risken beim Spielen. Unfälle kommen bei diesen Kindern daher   überhäufig vor. Die Symptomatik ist situationsabhängig und verstärkt sich bei Belastungen. Folgesymptome sind häufig Lernstörungen, Selbstwertgefühlstörungen, Verhaltensauffälligkeiten, emotionale Labilität, psychosomatische Symptome und Suchtmittelmissbrauch.

Diagnose

Die Diagnose wird anhand klinischer Beobachtung und Beurteilungsskalen (CBCL, Conners-Skala) gestellt. Differenzialdiagnostisch müssen folgende Störungen berücksichtigt werden: Oligophrenie, Affektstörungen, Epilepsie, andere organische Ursachen, Psychosen, Denkstörungen, Suchterkrankungen.

Behandlungsmöglichkeiten

Pharmakologisch wird mit Stimulanzien (z. B. Methylphenidat) oder mit Neuroleptika, Antidepressiva, Antikonvulsiva oder MAO-Hemmern behandelt. (Tranquilizer und Barbiturate sind kontraindiziert!). Psychotherapeutisch kommen Verhaltenstherapie und kognitive Verfahren zum Einsatz. Der Verlauf kann sehr unterschiedlich sein, in vielen Fällen nimmt die Intensität des Syndroms mit zunehmendem Alter deutlich ab. Bei Persistenz besteht Gefahr des Substanzenmissbrauchs.

Diese Störung beginnt _vor_ dem 6. Lebensjahr. Gerade danach wird regelmäßig in der Prüfung gefragt! Sie kann ins Erwachsenenalter andauern und sorgt im jungen Erwachsenenalter für Ausbildungsabbrüche und hat dadurch soziale Folgen.

Ausscheidungsstörungen

Klassifikation .
Bei den kindlichen Ausscheidungsstörungen unterscheidet man Enuresis und Enkopresis. *ICD-10: F98.0, F98.1*

Enuresis
Eine Enuresis liegt vor, wenn ein Kind, wiederholt, meist unwillkürlich Urin entleert. Ein synonymer Begriff ist Bettnässen, obwohl Enuresis nicht nur im Schlaf vorkommt. Man unterscheidet nächtliches Einnässen (enuresis nocturna) und Einnässen bei Tag (enuresis diurna). Von Enuresis nocturna sind Jungen häufiger betroffen, wobei der Anteil der Jungen mit zunehmendem Alter ansteigt und bei 2:1 gipfelt. Einnässen bei Tag ist bei Mädchen häufiger.

Enkopresis
Bei der wiederholt auftretenden oder fortbestehenden unwillkürlichen oder willkürlichen Entleerung von Stuhl in die Wäsche oder an dafür nicht vorgesehenen Stellen (Bett) liegt Enkopresis vor, sofern das Kind älter als 4 Jahre ist. Enkopresis ist seltener als Enuresis. Jungen sind viermal häufiger betroffen als Mädchen; unter den 8-Jährigen gibt es ca. 1 % Kinder mit dieser Symptomatik.

Grundsätze der verhaltenstherapeutischen Behandlung
In der Prüfung der Heilpraktiker für Psychotherapie wird häufig nach diesen Grundsätzen gefragt. Sie gelten für alle Trainingsprogramme und Verfahren.

- *Die Häufigkeit des Einnässens oder Einkotens muss sorgfältig dokumentiert werden.*
- *Verstärkerpläne (operante Konditionierung) werden mit gutem Erfolg eingesetzt.*
- *Ein Toilettentraining mit festen Uhrzeiten dient der Kontrolle der Stuhlentleerungen.*
- *Beim Blasentraining wird oft mit erhöhter Flüssigkeitszufuhr gearbeitet*

Psychoanalyse

Die psychoanalytischeTrieblehre
Sigmund Freud ging davon aus, dass der Mensch zwei Urtriebe besitzt: den Sexualtrieb und den Aggressionstrieb. Die psychoanalytische Theorie geht davon aus, dass die Triebe die Quelle der psychischen Energie sind.

Die psychoanalytische Instanzenlehre

- *ES (ungezügelte Triebe)*
- *ICH (Wahrnehmung, Erinnerung, Affekte, Denken, Planung)*
- *ÜBER-ICH (Moralvorstellungen)*

Die psychoanalytische Entwicklungslehre
Die psychosexuelle Entwicklung verläuft nach der theoretischen Beschreibung der Psychoanalyse in fünf Schritten.

- *orale Phase (1. Lebensjahr)*
- *anale Phase (2. und 3. Lebensjahr)*
- *phallische (ödipale) Phase (4. und 5. Lebensjahr)*
- *Latenzperiode (6.-10. Lebensjahr)*
- *genitale Phase (ab 10. Lebensjahr)*

Psychoanalytische Störungs-/ Krankheitskonzept
Konflikte beruhen auf einem Spannungszustand zwischen mehreren einander ausschließenden Bestrebungen, Wünschen oder Motiven. Das Ich verfügt über unbewusste Verhaltensweisen zur Abwehr, die von Freud Abwehrmechanismen genannt wurden.

Beispiele für Abwehrmechanismen

Verleugnung
Zurückweisung von außen kommender Reize, der Betroffen tut so als ob er bestimmte Gegenstände, Situationen nicht wahrnimmt.

Verdrängung
Die Verdrängung ist die Zurückweisung von innen kommender Impulse, z. B. einer Heißhungerattacke durch Meiden von Partys.

Projektion

Hierbei handelt es sich um die Verlagerung eines gefürchteten Triebimpulses in die Außenwelt (z. B. "Er hasst mich!").

Verschiebung

Ein gefürchteter Impuls wird auf eine wenig bedrohliche Situation oder Person verlagert.

Wendung gegen das Selbst

Hierbei handelt es sich um eine besondere Form der Verschiebung, wobei der gefürchtete Impuls gegen die eigene Person gerichtet wird.

Affektisolierung

Ein emotional sehr belastender Inhalt wird erträglicher gemacht, indem er auf einen emotional neutralen Kern reduziert wird, z. B. die Beschäftigung mit den Leberwerten des alkoholkranken Ehemannes.

Intellektualisierung/Rationalisierung

Ein der Affektisolierung ähnlicher Abwehrmechanismus, bei dem die Auseinandersetzung mit einem belastenden Ereignis bzw. belastenden Gefühlen durch rationale Erklärungen ersetzt wird.

Reaktionsbildung

Hierunter versteht man das Ersetzen eines gefürchteten Triebimpulses durch sein Gegenteil.

Weitere wichtige Begriffe

- *Übertragung (Verschiebungen von Besetzungen einer vergangenen auf eine aktuelle Beziehung zum Therapeuten)*
- *Regression (Rückfall in frühe Erlebensweisen, Klient fühlt sich als Kind)*
- *Gegenübertragung (antwortende Reaktion des Therapeuten auf die Übertragung)*
- *Widerstand (Schweigen, Verspätungen, Vergessen der Sitzung, Verheimlichen, Boykott der Behandlung)*

Gesprächspsychotherapie

Entstehung der Gesprächspsychotherapie
Carl Rogers hat sich damit beschäftigt, durch welche Faktoren in Beratung und Therapie konstruktive Veränderungen beim Klienten erreicht werden. Dem Klienten, wie jedem Menschen, wird eine enorme Entwicklungsfähigkeit unterstellt. Der Therapeut soll hier kein deutender Gesprächspartner sein, der die frühkindlichen Entwicklungsstörungen aufdeckt, sondern er soll ein Partner sein, der den Klienten bei seiner Selbstverwirklichung begleitet.

Die Aktualisierungstendenz
Rogers ging davon aus, dass der Mensch die Fähigkeit und die Tendenz zur Entwicklung in sich trägt, zur Entwicklung bedarf er jedoch der Beziehung zu anderen. Die menschliche Tendenz, sich selbst zu verwirklichen, durch Erfahrungen zu reifen und sich immer weiter zu entfalten, wird als Aktualisierungstendenz bezeichnet.

Organismisches Bewertungssystem
Wir besitzen die natürliche Fähigkeit, Erfahrungen unverfälscht wahrzunehmen und zu bewerten. Bei der Bewertung handelt es sich um eine Eigenbewertung, die uns sagt, was gut oder wichtig für uns ist, was angenehm und was unangenehm ist.

Kongruenz
Der ideal entwickelte Mensch wäre eine Person, die völlig mit sich selbst im Einklang ist, die in der Lage ist, ganz und gar im Augenblick zu leben, die Situation des Augenblickes in sich aufzunehmen, zu bewerten und sich dieser Bewertungen bewusst zu sein, diesen Zustand bezeichnet Rogers als Kongruenz.

Inkongruenz
Es ist wahrscheinlich, dass eine lebende Person einen Zustand völliger Kongruenz nicht erreichen wird. Die Diskrepanz zwischen der organismischen Wahrnehmung und dem bewussten Selbstkonzept, wird entsprechend als Inkongruenz bezeichnet.

Das Störungskonzept

Bereits in unserer Kindheit und häufig das ganze Leben hindurch machen wir die Erfahrung, dass unsere Umwelt andere Bewertungen vornimmt als unser Organismus. Da wir nach Beziehungen zu anderen Menschen streben und positive Beachtung suchen, integrieren wir nicht nur eigene Bewertungen in unser Selbstkonzept, sondern Bewertungen von Bezugs- und Beziehungspersonen. Diese können erheblich von unseren eigenen abweichen und führen zu Unstimmigkeiten zwischen organismischer Wahrnehmung und bewusster Wahrnehmung. Psychische Störungen werden in der Gesprächspsychotherapie nicht als Erkrankungen, sondern als Inkongruenzen betrachtet.

Bedingungsfreies Akzeptieren

Das Annehmen des Klienten bezieht sich auf seine Symptome und auf seine gesamte Persönlichkeit und Lebensgeschichte. Der Therapeut enthält sich jeder moralischen Wertung und jeden Urteils bezüglich der Äußerungen des Klienten.

Einfühlendes Verstehen

Verstehen im klientenzentrierten Konzept heißt, die Mitteilungen des Klienten durch aktives Zuhören aufzugreifen und den Gefühlsgehalt der Äußerung zu verbalisieren.

Echtheit

Der Therapeut spielt in der Gesprächspsychotherapie keine Rolle, die aufgesetzt würde, um zielführend zu wirken. Er ist mit all seinen Empfindungen gegenwärtig und teilt diese, sofern sie für das Verstehen des Klienten hilfreich sind, mit.

Einsatzbereich und Grenzen der Gesprächstherapie

Gesprächspsychotherapie kann grundsätzlich bei den psychogenen Störungen angewendet werden. Es ist jedoch zu berücksichtigen, dass diese Therapieform besonders von der freiwilligen   Übereinkunft zwischen Therapeut und Klient abhängt, was eine gewisse Krankheitseinsicht des Klienten zur Voraussetzung hat.

Verhaltenstherapie

Der Behaviorismus
Grundlage menschlichen Verhaltens ist nach dieser ursprünglichen Vorstellung die Wahrnehmung von Reizen der Umwelt, auf die der Organismus mit Reaktionen antwortet. Diese Reaktionen können angeboren sein oder im Verlauf des Lebens gelernt werden. Therapeutische Interventionen zielen hier also immer auf Lernprozesse, d. h. der Klient wird als Person gesehen, die störende Erlebnisse und Verhaltensweisen gelernt hat und sie in einer geeigneten Therapie wieder verlernen kann, bzw. umlernen kann, sodass der Leidensdruck verloren geht. Große Bedeutung hat dieser Ansatz im Umgang mit Phobien und Zwangserkrankungen.

Verlauf der Verhaltenstherapie
In der Fachliteratur finden sich unterschiedliche Einteilungen der therapeutischen Schritte. Prinzipiell folgen sie aber inhaltlich alle dem gleichen Muster. Die Vielfalt der Vorgehensweisen, die es in der Psychoanalyse und den tiefenpsychologisch fundierten Verfahren gibt, gibt es in der Verhaltenstherapie nicht. Es existieren zwar zahlreiche verhaltenstherapeutische Methoden, die theoretische Fundierung und der Verlauf der Therapie sind jedoch immer gleich

1. Definition der Problemstellung
Abklären des Auftrages zwischen Therapeut und Klient
Schilderung des Leidensdrucks und der Veränderungswünsche

2. Verhaltensanalyse
Therapeut und Klient versuchen zu ergründen, unter welchen Bedingungen das Problemverhalten entstanden ist und aufrechterhalten wird.

3. Zielanalyse
Therapeut und Klient legen Teilziele und Fernziele fest, die in der Therapie angestrebt werden.

4. Festlegung des Problemlöseprozesses
Das gemeinsame Vorgehen in der Therapie wird festgelegt.

5. Erprobung und Bewertung des neu Gelernten
Umsetzung des Gelernten in die Praxis, Erprobung im Alltag, Analyse von Erfolgen und Misserfolgen

6. Therapieende
schrittweise Vorbereitung

Konfrontationsverfahren
Hier unterscheidet man drei Vorgehensweisen: die systematische Desensibilisierung, die Reizüberflutung und die Implosion. Bei der systematischen Desensibilisierung erstellt der Klient eine Hierarchie unangenehm besetzter Situationen (Angsthierarchie). Die einzelnen Situationen, angefangen mit der, die am wenigsten unangenehm ist, werden in Visualisationsübungen gedanklich vorgestellt und mit positiven Reizen gekoppelt (oft verbunden mit Entspannungsübungen zur Angstreduktion). Schrittweise verliert der Klient das störende Erleben. Bei der Reizüberflutung (Flooding) wird im Unterschied zur systematischen Desensibilisierung massiv vorgegangen und die Konfrontation mit der am meisten aversiv besetzten Situation gesucht. Die Erfahrung zeigt, dass nach einer Weile die Angst oder Erregung nachlässt. Bei der Implosion werden die aversiven Stimuli in übertriebener Art und Weise dargeboten, um maximales Verhalten auszulösen und wie bei der Reizüberflutung die Angst abzubauen.

Einsatzmöglichkeiten der Verhaltenstherapie

- *Alzheimer-Patienten (Hygiene, Gedächtnistraining)*
- *Schizophrenie (Tagesstruktur)*
- *Angststörungen (systematischer Desensibilisierung)*
- *Zwangsstörungen (Gedanken-Stopp)*
- *Belastungsreaktionen, Anpassungsstörungen*
- *dissoziative und somatoforme Störungen*
- *Impulskontrollstörungen*

Betreuungsrecht

Allgemeines

Das Betreuungsrecht regelt die Bestellung eines Betreuers für Menschen, die ihre Angelegenheiten aufgrund von körperlichen oder psychischen Einschränkungen dauerhaft nicht selbst regeln können. Ein Betreuer, der bestimmte Tätigkeiten stellvertretend für die von der Einschränkung betroffene Person übernimmt, kann auf Antrag der betroffenen Person oder von Amts wegen bestellt werden. Eine Betreuung ist keine Entmündigung, die es nach der heutigen Rechtssprechung in der Form nicht mehr gibt. Das Betreuungsrecht ist eine bundesgesetzliche Regelung.

Voraussetzungen zur Betreuung

Eine Betreuung kann nur festgelegt werden, wenn die betroffene Person ihre Angelegenheit nicht vollständig selbst regeln kann. Das kann beim Vorliegen einer psychischen oder körperlichen Erkrankung oder einer körperlichen, geistigen oder seelischen Behinderung vorliegen.

Verfahren

Das zuständige Amtsgericht des Wohnortes der betroffenen Person (Abteilung Vormundschaftsgericht) muss die Betreuung auf Antrag anordnen. Hierzu ist ein ärztliches Gutachten über die oben geschilderten Voraussetzungen notwendig. Außerdem erfolgt eine Anhörung der Person, für die eine Betreuung bestellt werden soll. Die Befragung soll in der gewohnten Umgebung der Person stattfinden. Die Betreuung ist aufzuheben, sobald die Einschränkungen, die zur Anordnung geführt haben, nicht mehr bestehen.

Die Betreuung

Die Aufgaben des Betreuers bzw. der Zuständigkeitsbereich seiner Handlungen beziehen sich auf die Bereiche des Aufenthaltes, der ärztlichen Behandlung und der Vermögensangelegenheiten der Person, für die die Betreuung bestellt wurde. Die Geschäftsfähigkeit oder die Einschränkung der Geschäftsfähigkeit haben zunächst nichts mit der Betreuung zu tun. Sie wird nicht eigens geprüft. Die betroffene Person entscheidet weiterhin verantwortlich über Geschäfte und über Vermögensangelegenheiten. Der freie Wille des Betreuten hat einen hohen Stellenwert. Betreuung ist eine Hilfestellung, keine Bevormundung oder Entmündigung! Der Betreuer hat grundsätzlich im Interesse, d. h. in dem erklärten Willen der anvertrauten Person zu handeln. Es kann jedoch geregelt werden, dass die betreute Person bei bestimmten Geschäftsvorfällen die Einwilligung des Betreuers benötigt (Einwilligungsvorbehalt). Auch andere persönliche Angelegenheiten, z. B. ärztliche Behandlungen und Krankenhausaufenthalte entscheidet die betroffene Person prinzipiell selbst. Liegt eine festgestellte Einwilligungsunfähigkeit vor, d. h. die eingeschränkte Person ist nicht ausreichend in der Lage eigene Entscheidungen zu treffen oder deren Folgen realistisch abzuschätzen, so erteilt der Betreuer die Einwilligungen. Betrifft dies die Einwilligung zu ärztlichen Behandlungen, so muss zusätzlich der Vormundschaftsrichter die Behandlung genehmigen, wenn das Leben der Person dadurch gefährdet wird. Personen, für die eine Betreuung geregelt ist, verlieren keine bürgerlichen Rechte (z. B. Wahlrecht). Ein Einwilligungsvorbehalt wird beispielsweise beim Vorliegen einer Manie mit psychotischen Symptomen angeordnet, da der Patient sonst sich selbst und seine Existenz erheblich gefährden würde. Die Aufgaben des Betreuers können bei der Anordnung auf bestimmte Aufgabengebiete begrenzt werden. Außerdem können auch mehr als ein Betreuer festgelegt werden. Schlägt die betreute Person einen speziellen Betreuer vor, wird diesem Vorschlag in der Regel entsprochen.

Schuldfähigkeit

Verminderte und aufgehobene Schuldfähigkeit

Verminderte Schuldfähigkeit ist geregelt in § 21 StGB, aufgehobene Schuldfähigkeit in § 20 StGB. Für verminderte oder aufgehobene Schuldfähigkeit müssen 2 Voraussetzungen gegeben sein. Eines der 4 Merkmale krankhafte seelische Störung (v. a. exogene oder endogene Psychose), tief greifende Bewusstseinsstörung, schwere Intelligenzminderung oder andere schwere seelische Abartigkeiten (sexuelle Störungen, Substanzenmissbrauch, Persönlichkeitsstörungen etc.) muss mindestens erfüllt sein und gleichzeitig muss der Täter zur Tatzeit unfähig gewesen sein, das Unrecht der Tat einzusehen oder nach dieser Einsicht zu handeln. Der Nachweis der krankhaften Störung muss unbedingt für die Tatzeit vorliegen. Besonders bei aufgehobener Schuldfähigkeit und Fortbestehen der Störung resultiert häufig eine Unterbringung im Rahmen des Maßregelvollzuges in einem psychiatrischen Krankenhaus zur Vermeidung von Wiederholungen der Straftat (§ 63 StGB). Hängt die Ausübung der Straftat maßgeblich mit einer Sucht nach Substanzen zusammen, so kann die Unterbringung in einer Entziehungsanstalt angeordnet werden.

Voraussetzung 1

- *krankhafte seelische Störung (Psychose) oder*
- *tief greifende Bewusstseinsstörung oder*
- *schwere und schwerste Intelligenzminderung oder*
- *schwere seelische Abartigkeiten (Persönlichkeitsstörung, Sexualstörung, Substanzenmissbrauch)*

Voraussetzung 2

- *Zur Tatzeit Unfähigkeit, das Unrecht der Tat einzusehen oder nach dieser Einsicht zu handeln!*

Zur Einschätzung des Vorliegens der beiden notwendigen Voraussetzungen wird ein psychiatrisches Gutachten angefertigt. Problematisch ist hier, dass die Begriffe des Gesetzestextes nicht mit den psychiatrischen Diagnosebegriffen identisch sind. Schwere seelische Abartigkeit ist in der ICD-10 nicht klassifiziert. Die folgende Aufzählung zeigt eine Aufstellung psychischer Erkrankungen, die häufig bei Schuldminderung vorkommen.

Beispiel für Schulminderungsgründe

- *krankhafte seelische Störung: endogene Psychosen*
- *tief greifende Bewusstseinsstörung: organische Psychosen*
- *Schwachsinn: schwere und schwerste Intelligenzminderung*
- *schwere seelische Abartigkeit: Persönlichkeitsstörungen, Triebstörungen*

Der Maßregelvollzug

Ist ein Täter vermindert schuldfähig oder schuldunfähig, so kann er frei gesprochen werden. Das erfolgt nur, sofern keine weitere Bedrohung von ihm ausgeht, also zu erwarten ist, dass er keine weiteren Straftaten aufgrund der psychischen Störung begehen wird. Ist aufgrund des Zustandsbildes der psychischen Störung und der gutachterlichen Prognose mit erneuten Straftaten zu rechnen, wird zur Vermeidung ein Maßregelvollzug in einer psychiatrisch-forensischen Klinik angeordnet. Grundlage ist § 63 StGB. Wurde die Straftat im Zusammenhang mit einer Suchterkrankung begangen, so kann nach § 64 StGB stattdessen in eine Entziehungsanstalt zum Maßregelvollzug eingewiesen werden.

Geschäftsfähigkeit

Gesetzliche Regelungen

Im rechtlichen Sinne sind Personen bis zum siebten Lebensjahr geschäftsunfähig, bis zur Volljährigkeit beschränkt geschäftsfähig und danach voll geschäftsfähig. Besteht eine psychische Beeinträchtigung längerer Dauer, so kann Geschäftsunfähigkeit vorliegen (§ 104 BGB). Abstufungen im Sinne einer eingeschränkten Geschäftsfähigkeit gibt es nicht. Alle länger andauernden exogenen und endogenen Psychosen erfüllen diese Voraussetzung. Bei vorübergehenden Störungen gilt dieser Paragraph nicht. Stattdessen kann jedoch § 105 BGB gelten, der sich mit der Nichtigkeit der Willenserklärung befasst. Demnach sind auch Willenserklärungen und damit Vertragsabschlüsse im Zustand der Bewusstlosigkeit (Bewusstseinseintrübung) oder bei vorübergehender Störung der Geistestätigkeit nichtig. Die folgende Aufzählung zeigt Beispiele, bei denen Geschäftsfähigkeit oder Nichtigkeit der Willenserklärung festgestellt werden kann.

Geschäftsunfähigkeit bei ausgeprägter Form von

- *Schizophrenie*
- *Manie*
- *bipolare Störungen*
- *Depression*
- *organische Psychosen*

Nichtige Willenserklärung bei vorübergehender Form von

- *Bewusstseinseintrübung*
- *Delir*
- *Dämmerzustand*
- *Rausch*
- *kurze organische und kurze endogene Psychosen*

Unterbringung

Die Gesetze

Die Unterbringungsgesetze (Psychisch Krankengesetz) regeln die zwangsweise Einweisung in eine geschlossene psychiatrische Abteilung gegen den Willen der betroffenen Person. Hierzu muss die betroffene Person psychisch krank und gleichzeitig eine Gefahr für sich selbst, eine andere Person oder für die öffentliche Ordnung sein! Einzelregelungen zur Behandlung während der Unterbringung und zum Dauer einer solchen Unterbringung unterscheiden sich von Bundesland zu Bundesland.

Verfahren

Auch hier geht nichts ohne richterliche Anordnung; es handelt sich immerhin um einen erheblichen Eingriff in die Persönlichkeitsrechte der Person, die zwangsweise eingewiesen wird. Die Zwangseinweisung verläuft über 3 Stufen. Die untere Polizeibehörde leitet die Unterbringung ein (Polizei, Ordnungsamt), ein Arzt nimmt Stellung zu den Voraussetzungen der psychischen Erkrankung und Bedrohung für das eigene Wohl oder die öffentliche Ordnung und der Richter entscheidet schließlich bis spätestens einen Tag nach der Zwangseinweisung! Die zwangsweise eingewiesene Person kann Beschwerde einlegen, die vom Landgericht bearbeitet wird. Der erste Schritt kann auch wegfallen, wenn Angehörige oder Notärzte handeln und den Patienten beispielsweise nach einem Selbsttötungsversuch in die Klinik bringen.

Voraussetzungen
- *psychische Erkrankung und gleichzeitig*
- *Gefahr für sich selbst oder die öffentliche Ordnung*

Verfahren
1. *Einleitung durch Polizei*
2. *ärztliche Stellungnahme*
3. *richterliche Anordnung*